观机逗教

说法无量义无量

释证严 讲述

《无量义经·说法品》:「菩萨欲得修学无量义者,应当观察一切诸法,自本来今性相空寂……而诸众生虚妄横计,是此是彼是得是失,起不善念造众恶业,轮回六趣受诸苦毒……如是谛观生怜愍心,发大慈悲将欲救拔……而入众生诸根性欲,性欲无量故说法无量,说法无量故义亦无量,无量义者从一法生,其一法者即无相也……菩萨摩诃萨安住如是真实相已,所发慈悲明谛不虚,于众生所真能拔苦。」菩萨之所以能说法无量义无量,就在于能真实把握佛法精髓以及众生根机,以慈悲心转大法轮,使众生于法自在、发菩提心。

观时节。应根机。施教法

天地四时依岁序滋养生长万物，
农夫顺应气候变化照顾农作。
耕田之时，先行筛选良质实心种子，
待其发芽后，把握因缘撒种并殷勤除草，
这就是顺天理——顺应大自然的法则。

耕作要看岁时节气，度人也要观时节因缘；
否则庄稼无法收获，助人也不能成就。

佛菩萨的智慧如日月之光芒普照大地，
于世间度化众生行菩萨道，
是以权巧方便之法来观机逗教，
适应众生根机与社会需要，
善导人人回归清净无染的本性。

欲普遍接引众生，须把握佛陀所觉悟的宇宙
人生真理，以合乎世间常理的叙事方式，
融合现代的人间事相，避免流于格局狭小、
虚幻神话、事理矛盾的情况，才能使人听得懂、
行得通、做得到，而得以改往修来、解脱自在。

——证严上人

上证下严上人

证严上人以其悲天悯人之宗教家胸怀,服膺上印下顺导师"为佛教、为众生"之慈示,秉持"佛法生活化,菩萨人间化"之理念,在"内修诚正信实,外行慈悲喜舍"精神贯彻下,渐次开展"慈善、医疗、教育、人文"以及"国际赈灾、骨髓捐赠、环保、社区志工"之"四大志业、八大法印"。事理相融、以浅喻深畅佛本怀,善导大众心存菩萨大爱,落实佛法于生活中,带动付出无求同时感恩之风气,达到"净化人心、祥和社会、天下无灾难"之人间净土目标。

静思法脉丛书

"静思法脉丛书"是为将证严上人开示法语依佛教经典、衲履足迹、人文专题、静思语录、上人全书、随缘开示、童书绘本、思想论述等八大书系结集成书。从计划性、系统性搜集资料、修润文稿以迄于汇整付梓,工程可谓浩大,影响自是深远,诚然是任重道远之笔耕弘法慧业。故有心有缘于此致力世界和平之理想者,不可以不弘毅,立愿以淡泊明志之心,悠游法海;立志以宁静致远之心,潜心留史,全体合和互协荷担使命,圆满个己之修心道业,完成天下之长治久安。

卷首序言　　　　　　　　　　　释证严
在法中轻安自在

我的生活空间说来很狭窄，如同在闭关。每天走多少路，自己约略计算是仅仅三四百步。清晨，从寮房来到主堂，于早课静思晨语时段讲解佛经义理；讲毕回寮房，敲板用早斋，从主堂后方走过廊道至斋堂，饭食后再从前方绕大殿回寮房；观看电视新闻报导片刻，再到主堂主持志工早会，与大家言及现今全球及慈济重要讯息，并且聆听志业体主管、同仁以及慈济人分享见闻心得。

早会之后，已有来自各地的人前来会谈，或是志业体同仁会议与慈济志工座谈，或是外界人士来访，乃至于为营队开示等等；待午餐敲板时，再从大殿绕到斋堂，食毕循原路回寮房；午后，访客又到来，一直谈到六点时分；入晚在寮房，看阅志业体卷宗，接收电子信箱邮件，准备隔天清晨早课讲经内容，同时听闻电视传播的慈济与世界资讯……

一年三百六十五天，天天如此。行脚外出也是，所到之处均被人群包围，所行之路也是上下楼、行步去又返……我的生活恒久如此，可说是在动中取静，与闭关无异，却又非闲居。

有人问我，是以何精神及心态创办慈济？以何力量及信念持志不退，得能数十年来如一日？我进佛门之后，精神上的道粮，就是以《法华经》为依归。

《法华经》是教菩萨法，彰明人人本具佛性，人人都能成佛，从凡夫起点到成佛终点，中间过程必经菩萨道；而《法华经》精髓则在《无量义经》，只要用心体会《无量义经》法义，一理通、万理彻，就能通达《法华经》的道理，朗照三千大千世界，透彻宇宙万物真理。

《无量义经》含《德行品》《说法品》及《十功德品》。《德行品》是显扬佛菩萨的心灵境界，说明如何内修外行，成就人品典范的德行，以启动众生的信心；《说法品》即佛陀说法的精要，是佛陀教育的精髓，修德入法自觉觉他，对众说法，以开启众生的智慧；《十功德品》是人的境界，深受佛陀教法的启示后，运用在人与人之间，转变心念、改往修来，才能涵养人格，成就真实功德。

《无量义经》明析先有"德行"再"说法"，说法之后，利济自他，"功德"无量。三品合一，论述井然完整，千经万论不离此经法义，是适应现代的重要经典。

静思法脉即是建立在《无量义经》的轨道上，有静思法脉才有慈济宗门。心灵依止于静思法脉，回归清净本性；行的方向在慈济宗门，走入人群付出。人人本具与佛平等的清净智慧，只是被层层无明烦恼覆蔽；佛法不离人间法，无量法门在人间，为人群付出才能看尽天下事，藉以修养身心、体会佛法，回归本源的清净寂静。

人生万般都是因缘，因缘果报随人生来去，由不得自己。凡夫与佛陀的知见有很遥远的距离，因为执著小我，所以心灵痛苦。人生之苦就苦在迷失自己，一旦心有迷失、不能自解，人生方向差毫厘失千里，不断地做错事，终究导致后悔不已，成为人生最大的惩罚。

"佛"与"法"是相应"众生"与"烦恼"而生。所谓"在缠如来"，就是缠带烦恼的真如本性。凡夫为烦恼所缠缚，然而未失本性，故佛陀以种种法来帮助众生出离缠缚。

《无量义经》提到，无论是井水、江水、河水，只要是水，就能洗去一切垢秽。世间物质要有水才能净化，至于人的心呢？也有一股清水可以洗净内心，这一股清水就是法；法是心地的清水，唯有以法水涤心垢，去除内心的染浊，人事是非明明白白，人生方向不偏差，本性的智慧才能显现。

世上的宗教都离不开"爱"字，苦难的世间，苦难的众生，需要人间菩萨发挥爱心来呵护，给予食物与衣物，救拔其饥饿与寒冻；而较有形的付出物资，更重要的是无形的弘扬佛法。因为佛法能救心，佛法能调和人心，使社会天下祥和无灾难！

法与爱要平行并进，菩萨所缘缘苦众生，苦难世间需要人间菩萨弘扬佛法、发挥大爱。每个人心中自有道场，此无形的心灵大道场，无法以尺寸丈量。期待人人都在法中，轻安无忧，法喜自在；诚盼人人都是菩萨，长情大爱，永无止境。

目　次

部分一　谛观诸法

第一章
一切诸法，性相空寂　　　　　　　〇二一

第二章
而诸众生，虚妄横计　　　　　　　〇四九

第三章
轮回六趣，受诸苦毒　　　　　　　〇七七

大转法轮

第四章
发大慈悲，将欲救拔 　　　　　一〇三

第五章
说法无量，义亦无量 　　　　　一二九

第六章
法譬如水，能洗垢秽 　　　　　一五七

得道证果

第七章
令诸众生，受于快乐　　　　　　一八九

第八章
无量众生，发菩提心　　　　　　二〇九

谛观诸法

一切诸法,性相空寂,而诸众生,虚妄横计,轮回六趣,受诸苦毒以清净宁静的心,深入观察思惟天地万物事相的道理,就能晓了宇宙诸法、万物性相原本空寂,在因缘和合中才有世间诸相;若能去除习气不着相,就能照见真实法,回归清净本性。众生不明有存在于空中、有与空无法分离的真空妙有真理,遂起一念虚妄,横生执著计较,与外境粗相纠缠,不断复制幻境;本性被无明遮盖,所以烦恼无量,不得解脱。

第一章 一切诸法，性相空寂

包容是无排斥心

问:"何谓'包容'?"

答:"就是不要排斥别人。"

原则中求圆融

问:"'圆融'与'原则'何者重要?"

答:"真正的好事必是在原则中求圆融,若因过于执著原则而待人处事尖锐,到处刺伤人,随处起事端,这种原则实无益处。"

本性绝对清净，习气相对执著

问："世间是否有'绝对'？时、空是绝对的吗？"

答："世间无一事物是'绝对'的，总在迁变无常中，亦没有绝对存在、永恒不变的时空。例如'现在'，说时也已过了好几秒；时日随地球运转而消失，无一刻能稍作停留。

"但佛教有所谓'真空妙有'，宇宙万物最终都化为无、归于零，这是'真空'；但在真空中存'妙有'，即人人之清净本性，本性永恒存在。清净本性是绝对，心若被污染，本性被蒙蔽，染著之心就会生起分别，则绝对就变成相对，在彼此、你我等相对中执著；就因分别执著习气深重，以致横生万般苦恼。"

佛陀开、示,众生悟、入

问:"什么是开悟?"

答:"佛陀来到人间,就是要令众生'开、示、悟、入'佛之知见。'开',就是将心门打开,我们的心蒙尘已久,常处黑暗,开启心门,接触到佛陀所'示'的佛法,如同一线光明照入暗室,使我们清楚看见人生的道理;'悟'就是明白,明白佛陀所教示的道理。但是开与悟都是短暂的,唯有走入人群去付出,让法进入自己的心灵,并能行于外而实用,如此心行'入'法才是真的开悟。"

道在生活中

问:"如何能开悟?人在开悟前后有什么不同?"

答:"有体会就是开悟;没有亲力亲为,就没有体会。所以,要为人群付出,有做才有心得;有心得的欢喜,才是真正的法喜充满。

"'还没修行之前,看山是山,看水是水;修行之中,看山非山,看水非水;觉悟之后,则山还是山,水还是水。'佛法要生活化,能清楚日常生活的道理,就是彻底的开悟。"

认清本质不著相

问:"从小就有老师教导不要'著相',但不知何意?"

答:"要明白'佛在心中',并非一定要有个'相'是佛;就如一颗石头被雕刻成佛菩萨,便成为虔诚礼拜的对象;若未经雕琢,只被视为普通石头罢了。

"是石头或佛像,只在于有无经过雕刻,本质相同,我们何须执著其表相?信仰无关年纪,佛心、爱心也不分老幼,众生皆有佛性。最重要的是要虔诚礼拜自心中的自性佛,开启清净自性。"

万般挂碍只因放不下

问:"几年前曾请问上人,如何才能心无挂碍?上人教导我在日常生活中多体会。而今,觉得凡夫要做到心无挂碍,实在很难。"

答:"明知要无挂碍,偏偏心却挂碍着,所以造成烦恼。其实只要'放下'就好,放下人事烦恼,将心思放在工作上——尽自己一份力量,投入安定社会的工作中。"

问心无愧即无挂碍

问:"有何方法能使自己不挂碍?"

答:"所做之事都问心无愧,自然就无挂碍了!"

相信"观受是苦"

问:"'观受是苦'如何体会?"

答:"不要常想如何体会'观受是苦',相信就是了!否则等到真正感到苦时,实在苦不堪言。人生本是苦,多静思,便可知生活中有许多烦恼;烦恼即是苦,如担心家人的健康、安危……有特别关怀的人,就会很在意他的一切而陷于烦恼中。切莫以为自家房屋堂皇、事业做得大,哪有苦可言?其实真是苦在其中而不知啊!"

生活的规矩即是戒

问:"是否要受五戒才能诵经?"

答:"人人皆可诵经,并无条件限制。受戒的'受'是'接受'的意思,是发自内心真诚接受戒规约束,才能五戒具足。所谓'戒',就是生活的规矩,我们要以此规矩自我管理,而非执著受戒的形式。"

诵经，听懂、心知最重要

问:"诵经时，'国语'、闽南语并用是否不好?"

答:"不论用闽南语或国语诵经都没关系，最重要的是自己要听得懂。所谓'经者，道也；道者，路也'。诵经，就是要知道修行之路怎么走，懂得如何走才会了解经的境界。因此，重要的是自己的心要知道，用虔诚的心回归本性。"

做到才是受用

问:"曾读《金刚经》,颇为'受用'。"

答:"《金刚经》文义甚深,若从哲学角度去探讨,是很好的方向。但若要做到经中所说的'无我相、人相、众生相',就不简单了。经是道,道是路,路要自己走出来。佛陀是指路者,我们听了他所说的道理,就要自己去做到——总要自己真能看得开、放得下,能自我解脱烦恼,才是真正对佛经有所受用。"

受用即是妙法

问:"何谓妙法?"

答:"能让人听入心、受用的好话就是妙法。光是讲'如是我闻'、佛陀过去如何说,讲得很深奥,大家也许听不懂,或是听得懂而做不出来。能把自己的转变说出来,引起别人省思:'为什么我做不到?'进而愿意改变,这就是法。"

真正的感应

一位师兄为见上人而连诵《金刚经》三日；今见上人后，听闻上人开示"无相"妙理，恰与经文"空"义呼应，因此认为这是诵念《金刚经》而有的感应。

上人提点他："真正的感应是'我说而你接受'，若我所说的你不能接受，又有何感应？"

人心互爱，人寿绵长
人心相害，寿命递减

问："现在是佛经所谓的'坏劫'时期，是否真会人寿递减？"

答："人人合心互爱，不相互伤害，世间祥和，则感人寿绵长。但而今，人与人常相互伤害，天灾、人祸频仍，所以人的平均寿命在递减中。"

问："假如多做善事，人寿递减的速度会慢一些吗？"

答："福是做来的，不是求来的；我们还要更积极行善造福。以全球人口比例计，行善的人还不够多啊！期待有更多人为未来多做一些好事。"

观法无我

问:"有人凡事非要别人按照他的意思做不可,或是看任何事都不合己意……"

答:"这种感受很痛苦。应'观法无我',世间无定法,自己的方法未必正确,不要坚持别人一定要照我们的方法做。"

诚之所至，佛性现前

问："'诚意方殷，诸佛现全身'是说若我们很有诚意，就能见到诸佛，或是心与佛相等吗？"

答："此'炉香赞'之字句乃描写诵念佛经者之诚意。在佛前，香炉已燃，诚意殷厚，于烟云袅袅缓升之际，自然观想朵朵白云，而云端彼处诸佛显现。如静思堂的佛陀洒净图，佛像后方有层层隐约的佛像，实乃诸佛从十方会聚之意境描写，也是寓意人人若以至诚之心向内提起自性三宝，自然能照见自性佛。"

不解不行，等于无用

问："学佛是否要多听经、多念经？"

答："佛陀讲经是要启发我们的慈悲与智慧，重要的是，听经之后是否了解？念经之后有否实行？假如听经、念经之后，不了解也不实行，等于一无用处。"

人心淡忘法,是名"末法"

问:"现在是否为末法时代?"

答:"是末法时代。所谓'末法'乃指'人心不古',法理渐不存于人心。

"法是恒久常新,道理亦无新旧之分,只因人心趋于复杂,道德观念日渐淡薄。就如灯管亮度未曾稍减,只是久放蒙尘,需要加以擦拭,就能再度光亮。其实,道理亦不曾消失,佛陀所说的'末法',只是人心淡忘了'法',如同光体为尘埃所遮掩,实则'法'不曾消失,一直存在。"

安心法门

问:"如何解'万法唯心'的道理?"

答:"佛法假如以'做学问'的心态去钻研,会愈钻愈深,深不见底。其实佛法很简单,不论从哪个法门进入,想体会'万法唯心',就是要做得心安;心安就是妙法,就能深解法义。

"看看普天之下苦难偏多,光是念佛念经而不伸手援救,能心安吗?看到苦难众生得安乐,自己也在救援过程中有所领悟,自然觉得心安;心安就能事安,心安就能世安,世安人就安,这就是福慧双修的安心法门,所以佛法最重要的就是'安心'。总之,佛法不是用念的,也不是用听的,重要的在于'行'——身体力行。"

清净的布施

问:"如何才是真布施?"

答:"布施钱财是为了要做好事,并非一定要捐很多钱才叫做布施,总是要随分随力。舍,而心不疼;舍,而没烦恼,才是真正的施舍。施舍即'施又舍',不但布施有形的物资,也要舍去心灵的烦恼。

"有些人布施以后,抱持两种心态。一种是不舍,会懊恼自己付出太多;另一种是唯恐世人不知他布施行善,因此要人赞叹,这都不是真布施。若在有形布施之后,却让无形烦恼积压内心,就不是清净的布施。布施以后,还要舍弃烦恼,心中感到轻安、自在,才是真布施。"

不求"无念",但修"实念"

问:"何谓'无念'?要如何掌握,如何发挥?"

答:"'无念,无不念',人不可能'无念',但是必须有'实念',就是善的念、清净的念;要拔除不好的念,成为好的念。提倡念佛,就是要人不胡思乱想、起不好的念头。

"所以不必求'无念',我们要求清净善念。一味钻求无念,会偏离现实而执空。做人总是要踏实面对外境,看到杯子就是杯子,听到声音就是声音,这才是真实生活的念。平时修行,就是修这一念心。若是看到杯子,却起分别想,分别优劣而起爱恶之心,就会衍生烦恼杂念。若是单纯地见物思物,不起分别,生起珍惜、爱护之念,就能去除习性。"

真诚无求,正念无邪

问:"何谓真正的舍?"

答:"要做到真正的舍,必须把握住'真'与'正'——真是真诚,正是正念。人生一切无常虚幻,但凡夫难以体会,凡事执著于'我',只愿意为'我的平安、事业、家庭、与我投缘的人'而付出。真纯的付出是无所求,没有任何'我'的得失观念。

"至于'正'就是没有偏邪,在付出的同时,要舍去内心的烦恼;如付出时在意着'我为你付出,你怎么没有回报',就会造成心理负担。"

知无常,更积极

问:"既然无常与明天不知道哪个先到,又何须努力事业?"

答:"知无常不是消极,而是要积极有所为啊!无常是要警惕大家时时把握当下,不能造作不好的业,而是应该善用时间好好做事。"

求佛成"迷信",
学佛长"智信"

有位先生惹上官司诉讼,他表示,在尚未定案期间,他对此事件并无埋怨,也对自己的言行深自检讨与忏悔,希望能学习如何让心灵丰实。

上人:"所谓'如是因,如是缘,如是果,如是报'。学佛要明白因果,谨慎于因,并坦然接受结果。过去既种了因,现在果已成熟,就要欢喜接受。希望未来得到何种果,就要重视当下所种的因。

"来到人间,大家尚在凡夫地,难免在过去不慎犯下错误,以致一念之差,而成千里之错。但这些都已过去,重要的是,有心学佛,就要身体力行佛陀的教法。

"一般人以为学佛就是求佛保佑,这只是'信佛',知道佛陀是位觉者,但却不致力于如法纠正自己的行为,这种依赖的信,容易流于'迷信'。

例如布施而求股票高涨，一旦股票下跌，就埋怨既已布施，为何股票还会下跌呢？这就是迷信。所以，除了信佛，相信佛陀是觉悟的人以外，更要学佛，也就是信受奉行佛陀所教，才是'智信'——智慧的信仰。果报已现前，要用很安然的态度接受，才能得到心灵的轻安。"

明是非，无瞋恨

问："为了团体和谐，即使很生气，觉得他不对，也只能说自己不对吗？"

答："是非要分清楚。我们与佛陀不同处，在于述说他人过错时，心会跟着生气，产生烦恼厌憎；而佛陀讲清是非，却不曾因此憎恨对方。人不怕错，怕不改过，改变后，所度的人会更多，因此不能对曾经犯错的人生瞋恨心；对人生瞋恨心，是与自己过不去。"

第二章 而诸众生,虚妄横计

盲目谈情很危险

不少学生很关心感情问题，却常是患得患失，迷失在感情漩涡里难以自拔！

上人表示："没人爱，更要自爱，何必为了别人不爱自己而意志消沉？何不洒脱一些，即使没有对方，自己一样可以活得很好！男女之间要冷静观察，好好了解彼此个性，认清是否值得共度一生，几年后再下定论。以理智的清水之爱，维持彼此更宽广的空间，如此，感情才能持久。

"人生各阶段的角色要扮演得恰如其分，什么该做、什么不该做，要清楚认知。心智、人格尚未成熟就谈男女之情，往往盲目不理智，很危险。希望年轻人将爱的空间放大，以平常心关怀周遭的每一个人。"

化悲情为力量

一位年轻人即将取得硕士学位,却遭逢妻子遽然离世,因而终日魂不守舍,还曾借助民间信仰探询爱妻下落。

上人开导:"人生不只有夫妻之情,纵使两情相悦恩义重,也要体认人生还有重要的事——第一要报恩,第二要付出爱。想想父母为子女付出的爱,无私又伟大,你要化感恩为行动,照顾好自己的身体,有能力就为社会多付出;若只为男女之情而困在烦恼中,人生价值会变得太狭隘。

"若真正深爱着她,就要化悲情为力量,付出自己的才华去助人。执著短暂的情是迷情,若能转迷情为觉情,就是充满爱心又洒脱的人间菩萨了!"

"你"是"我"的?

问:"如何去除'吃醋'之心?"

答:"这是因为有'我'而引起——认为你是'我'的,你怎么可以对别人好?所以,打破小我私爱的执著,才能超然解脱。"

有缘则相聚,无缘不勉强

一位年轻妇人悲愤表示,先生与外遇对象同居,不再回家。自认为先生付出甚多,心中充满被欺骗的感觉,甚至曾有自戕念头,想和孩子同归于尽。

上人殷切相劝:"人生的意义,难道只为一个人吗?你要好好想一想,那个人值得你为他死吗?是否想过父母为你付出多少,而你却为先生一个人就不顾父母及孩子了?"妇人神情黯然:"我没有考虑那么多。"

上人告诉她:"孩子有权利生存,你有责任抚养,损伤孩子的身躯在世间法律不容,在伦理道德上也不对,千万不要做出犯法的事来!

"世事要看淡点,有缘则相聚,无缘也不勉强。不要自以为是地兴师问罪,这是'聪明'而非'智慧'。有智慧的人心胸宽大,聪明的人却心量狭窄;所以我们应该学习拥有智慧,凡事不要精明到钻牛角尖,甚至到斤斤计较的地步。"

上人教妇人要具备温柔的妇德,也希望她有志气。"你可以为众人付出爱心,活得很欢喜。总之,心结纠缠只是自讨苦吃,不如放开胸怀,由他去吧!"

上人提醒妇人莫做傻事,否则造作的业缘,累生累世都还不尽。遇到与自己业缘纠缠的人,一世就够辛苦了,若还要生生世世纠缠不休,真不知如何是好!

"爱不得"的人，就是"不得爱"，要看开

一位年轻男子向上人诉说，妻子与他离婚后再嫁，离婚的事实已教人无奈，更难堪的是妻子再嫁之人竟是自己的兄长！

上人："心不要绕在一个'爱不得'的人身上，既然爱不得，就是'不得爱'，所以不要让心情纠缠在爱恨之中，更不必管她再嫁何人，彼此已不相干。

"若没有离婚，为了使孩子有爸爸、妈妈，还可尽力维系家庭的圆满；如今既然已经离婚，就不要想得太复杂。自己的形象要顾好，作为子女的好榜样，不要对子女提起妈妈如何不是，使子女心中怀恨，以免他们的心不平衡。应该教育孩子：'妈妈有她的自由，我们要尊重妈妈的决定。'尽量以好话教导子女，自己也要过正常的生活，不要为了一个女人自暴自弃！

"如今重要的是稳住自心,不要心思浮躁。至于对兄长则切记宽厚为怀,不要因此坏了手足情分。总之,'问世间情是何物',要将感情看开些,不要埋怨也不必哀伤,提起志气,好好为自己在人生路上走下去!"

时时自我祝福

　　一对夫妇来访，因为孩子年纪还小，夫妻俩总是不敢搭同一班飞机。

　　上人听了笑道："要时时自我祝福啊！"

爱得很苦的"傻妈妈"

有位师姊经常为已成年的孩子设想种种,但孩子并不善体亲心,以致亲子关系欠佳,教师姊十分烦恼。

上人劝慰:"亲子之缘是过去生所结,或好缘或恶缘。你今生既已努力尽为人母亲的责任,仍无法改善亲子关系,此时就要转变观念。'桥不转,路要转',你要看开、放下,不要为孩子的事万般操心,不论孩子态度如何,自己的心要照顾好。

"父母心疼孩子,若能与孩子相互感应,孩子自然就会感恩;若父母的付出,孩子有感无应,也无须强求,此时就用菩萨心来对待——'菩萨所缘,缘苦众生。'关心就好,不必执著;若孩子不受教,这是孩子的业,要以菩萨心悲悯他,否则就会变成爱孩子爱得很苦恼的'傻妈妈'啊!

"生命苦短,人生无常又无奈,凡事尽心就好;既已对家庭尽心、对子女尽责,则'各人修,各人得',不要再多所挂碍。"

不计较，不放弃

问:"原本孝顺的媳妇,不知为何变得像仇人?我很难过!"

答:"年轻人心还不定,情绪千变万化。自己要看开,才能不随境转。仍要善待媳妇,她若依然冷漠相待,也要继续关怀,何必与她计较?就如地藏王菩萨,无论众生沦落何处,菩萨都要追他回来;何况是自己的媳妇,怎可放弃,要有耐心啊!"

德风犹存就好

一位女士表示以前曾赚许多钱,但后来因生意失败,如今风光不再。

上人言:"赔钱无所谓,只要德风犹存;道德无法被抢走,用封条也封不了。若能知足,还有何烦恼?任何事只要自然面对,就会自在。"

操之在己

有位妇人前来请求上人为她医治心病。妇人："请帮助我放下烦恼！"

上人："你要自己放下烦恼。若是紧抓着烦恼不放，谁也帮不了你！"

妇人："很多事障碍着我，使我没办法突破！"

上人："世上没有'没办法'的事！不是别人障碍你，而是自我障碍。一切操之在己，只要你看得开，就能放得下。"

用悲心看人间，用光明照灰暗

一位作家来访，表示常感到人生是灰色的。

上人："人生本来就是灰色的，但我们要用觉有情的心态去看待，用悲心看人间，用光明照耀灰暗。我对人生也很'悲观'，因为'悲'心至极，就会把握时间致力于世界和平。虽悲观但要积极付出行动，否则会一直消沉，或停滞于悲伤之中，变成独善其身。"

钻进思想与情绪的死胡同

问:"有位友人很乐意助人,但认为若看多了悲苦景象,会有抑郁症。"

答:"因为没有去做,情绪找不到出口,才会有抑郁症。看到悲苦的人生,会感恩对方以身示现,警惕我们要多造福,才能免于未来走向悲惨的命运。"

问:"但他是看了之后,觉得人生实在太悲惨。"

答:"所以才要赶快积极付出,若心停滞在'悲惨'的情境中,看到悲苦只觉得冲击很大,这是所知障。面对悲惨景象,正确的心态应该是'戒慎但不恐惧',要锻炼自己的心不过于钻牛角尖,只要单纯想着助人是人生本分,尽力做自己该做的事就行了。想得太多、太复杂,钻入思想与情绪的死胡同,难免恐惧不安。"

对预言心怀忧虑

外宾来访,问:"曾听闻未来将有战事之预言,故心怀忧虑,不知如何能防范?"

答:"欲世界和平,就要先付出爱。世界之安危如黑白拔河,战争与和平在拉锯,少数人挡不住大灾祸,要多提倡爱,好人多一些、善的力量大,就有和平的希望。反之,若人人自私自利、好与人争,则恶的力量大,难免就会起争端。众人为善是造福,则世界和平;众人作恶是造恶,则干戈四起。所以,必须感化更多人心向善造福。"

搬弄起于愚者，是非止于智者

问："团体之中人多事繁，难免因意见不一而产生磨擦，该如何处理？"

答："说话的人与听话的人，都要用心。'在智慧者前，是非可说；于愚痴人前，长短莫论'。因为是非止于智者，有智慧者会将是非当作教育，不将是非转为烦恼，还能进一步化解；反之，若是听话者又将是非渲染搬弄，则世间永远不会祥和、平安。"

常怀感恩,心平气和

问:"如何调整脾气?"

答:"脾气即习气,而习气乃经熏习而成。身处在和善的大环境中,就比较没有机会发脾气;经由长时间的熏陶,人与人之间和气惯了,习气就会慢慢修正。

"若是觉得别人说话语气冲,自己快起烦恼时,要想想他有其他优点,就能转念不生瞋怒。缺角的杯子,只要不去看缺失的那一角,整体仍然是圆的。若常怀感恩心,生气的念头甫生起,很快就会被随后生起的感恩心取代,气也就消了。"

相互争执难调和
固执己见不圆融

有师兄师姊于共事中,因观念、处事生异见而相互僵持不下。

上人语重心长地说:"每一个人都在争一口气,所以会不调和。倘若有理的人柔软一点,就能圆融;假使每个人都说自己有理,坚持'我没有错!'固执己见,如何能圆?"

本事是学出来的

有位先生担任主管职,在人事沟通及实务经验上皆感力不从心,因此沮丧消沉。

上人开导:"本事是学出来的,世间没有做不到的事,看你是否具足决心与毅力。倘若一味缩在自己的世界中,认为突破不了,当然难有成就;如果能打开心门,自然就会发现无所谓困难存在,因为一切都操之在我!

"心若无'碍',就不会被'障',人往往是自我障碍,而不是被别人阻碍。要用心思考如何坚强自我,挑起重责。人生要有正确的目标,勇往直前,不被人事、环境打倒。记得要保持乐观开朗的心!一步一步渡过困难,突破瓶颈。"

要有自信心，要自我调适，要堪能吃苦

有位同仁表示，在工作上觉得做人做事很难，也觉得自己能力不够，所以希望继续求学充实自己；对于修行，因自觉无法吃苦，而不敢有此念头。

上人勉励："对自己有信心最重要，不要去想别人对我们是否有信心，也不要去想别人是否知道我们的能力，而是要想自己是否已尽本分去做该做的事。同事相处不适应或工作上遇到挫折，都是难免，要能自我调适，千万不要为一些小事打退堂鼓。

"不只修行需要'吃苦'，各方面想要有所成就都一定要先吃苦、受磨练。但读书和工作有时是两回事，不见得读了书就知道一切，重要的是能否将所读的书运用在实际工作中。

"有时过于忙碌,大家会疏忽彼此之间的圆融应对,对此不要太在意,问心无愧就好。要借事练心,在人事中学习做人做事的方法。和同事相处,不论人家如何对自己,都要以简单、善解的心看待,才不会产生是非。"

人事是磨练的机会
是非是烦恼的源头

一位旅居美国的师姊返台,向上人提及近日因为一些人事而心生困扰。

上人开示:"凡夫常为一些小事而在内心打结,期待大家能将法留在心中,内心不要充满人我是非。人事是非是烦恼的源头,要将人事当成自我磨练的机会,将是非当成教育。

"希望大家视慈济为终生力行之路,好好下功夫净化自心,勿将'凡夫'当借口逃避责任,也不要执著自己为慈济付出多少。要知道,慈济是自己甘愿选择的路,不是做给别人看,就如吃饭,吃多少就得多少营养。要照顾好自己的慧命!"

真诚内修于心，行于外必善美

两位志业体同仁在工作上遭遇人事困扰。

上人开导他们："与人相处难免有不顺心的时候，但是不能将不愉快的经历一直放在心里，否则不仅自己痛苦，对方也会很尴尬。

"洁净明亮的镜子映照任何景物，都是清清楚楚的，但是一旦镜前的景象消逝，镜面却不会留下任何痕迹。人心如同此理，平时应努力下功夫净化自己的心，面对人事考验才不会心慌意乱，且事过境迁后，心灵也会平静无痕；反之，如果将过去的事一直放在心上，只是不停折磨自己罢了。

"凡事应要求自己，而非要求别人。如果坏习气不除，还结怨于心，甚至将业因种子带到下一世，就太悲哀了！所以，你们要好好调整自己的心，专注心力为人群服务奉献。"

其中一位同仁坦言脾气不好，但自认在这个真善美的团体中并不失于"真",只是尚未学到"善"与"美"。

上人则说:"修养于内、行动于外,内心真诚表现出来的就是善与美;所以,你也尚未完全达到'真'的境界。

"高速公路平坦宽大,为何仍会发生连环车祸、造成道路壅塞呢?是因为驾驶人不遵守交通规则的缘故。慈济菩萨道已开拓得很宽广,但你们是否能走得很好?就要看能不能照顾好自己的心。

"待人处事上若不能圆满,是因为没有从内心下功夫。这条路不只你们两人同行,而是有很多人相伴,所以人人一定要守好自己的本分,顺着轨道而行,才不会发生意外。"

这位同仁明白上人的譬喻,但内心仍未开朗,于是问:"我的开车技术不好,可不可以'暂停驾驶'?"

"如果半路停车,会妨碍交通!"上人期许两位同仁调整脚步再出发。

转"智"为"慧"

有位师姊近来遭遇人事瓶颈。

上人:"能将人事作教育,才是有智慧;智是分别智,慧是平等慧。若只有智,就会有人我是非的分别;唯有提起慧,才能透彻人生,凡事看得开、放得下。要学习将人我是非转变成智慧,身为'知'识分子,'知'字之下要多个'日',如日光朗照晴空,且要转'智'为'慧'!"

做甘愿被磨的钻石

一位师兄坦述未全心投入志业,因为还在调整自己的心,要修到具有忍辱心,否则别人一句话又会让自己退转。

上人:"其实法外无心、心外无法,真正修行要在人群中。脱离人群,没有人与我们说话,听不到逆耳之言,当然就不会生气。当隔离种种逆境,脾气都不错,但是与人接触时又发作了,如此永远无法修自己的心。被磨的石头会愈磨愈亮,磨别人的石头却会磨损,所以我们要做一个甘愿被磨的人。"

世间财不如兄弟情

有位先生因为祖产分配不均,数月无法安眠,心情欠佳。

上人劝慰:"不论怎么分配都欢喜接受,心欢喜就是福。在世间欲求得完全的公平,是不可能的。重点在于是否能坦然接受,能接受就是公平,若得失心重、耿耿于怀,再怎么分配都无法尽如人意。

"钱财再多也买不到兄弟情,不要为了钱而破坏手足之情。心量大就有福,分到什么就拿什么,以快乐心接受,不要埋怨。自己付出心力,认真做事所得,才真正属于自己,也才显出自己的能力,何必要倚靠先人遗产?"

第三章 轮回六趣,受诸苦毒

日行善、夜好眠，
去来轻安自在

问:"如何面对生死课题?"

答:"人生到最后是长眠，届时无须害怕，就如沉睡后会做梦般，轻飘飘的。倘若常与人互动快乐，喜好帮助别人，则夜里入睡自然感到轻安；若平时心想恶念或常做坏事，必然时感惊惶。

"所以，在生死关头，重要的是放松，多想好事，坚定好愿，灵魂脱体时，就会随着心愿而去，来生将会是个可爱的小菩萨。"

善用真正的遗产

日前走不出丧父之痛的同仁,前来感恩上人赐予大勇气,助其摆脱情感缠缚。

上人再次劝勉:"父母身后留给我们再多财产,也终究是幻化虚空,或许毫无助益,反而衍生事端。真正能让我们运用的'遗产'是身体,要善用父母赐予的身体尽本分、行善付出,以功德回向给父母,才是大孝。"

宽谅是高贵的品格

一对兄弟的母亲不幸车祸丧生,他们悲痛不已,无法原谅肇事的年轻女孩。然而他们的父亲考虑到女孩的未来,不求赔偿也不愿追究。

上人劝慰这对兄弟:"母亲虽然很不幸地走了,但对方是无心之过,其实也很痛苦。事情既然已经发生,凡事要看开点,不要埋怨也不要记恨,否则冤冤相报何时了?世事无常,一天之内不知会发生多少意外,如果一出事,每个人都责怪别人、只想报仇,那么人间岂不如同地狱一般?

"你们的父母夫妻情深,但父亲能看得开,而且将心比心为年轻女孩的前途考虑,他的做法正确,高贵的品格值得敬重,是你们的榜样。希望你们学习父亲的宽宏大量,心中有爱而无恨。那位女孩犯了过失将终生难安,你们要多从这点去想,原谅她。"

遗爱人间，情真意长

一位老师为儿子完成器官捐赠的心愿，但母子情深，提到意外身亡的儿子仍情不自禁流下泪水说："我有一种失落感，之前儿子还停尸在殡仪馆时，我可以每天前往探看，尽管只是摸摸他也感到安慰。但是火化后再也看不到他，内心觉得很空虚。"

上人："天下父母心，这是可以理解的。但已经发生的事要能善解，就想着：'还好他的器官仍在很多人身上使用，造福很多人，当初若没有舍出来，火化之后就什么都没有了。'"

老师问："做移植手术时，儿子会感到痛吗？"

上人："意识脱离身躯后，对身体的一切已无知觉；人之所以有痛的感受，是因为意识还在。你儿子生前既曾发愿捐赠器官，现在身体器官能发挥救人的良能，相信他一定会很安慰；而你也要感到光荣，因为家人的成全是很有意义的。"

安抚所怨者,祝福所爱者

　　一位年轻妈妈:"我的第一个孩子才六个月大,上星期因保姆疏失而脑出血过世,实在难以忍受这种打击。且事发后保姆连道歉也没说一声,我心中很不平衡。"

　　上人:"她没道歉,也许并非不当一回事,而是因为非常自责、难过,所以逃避,不敢面对你们。先不要心存不满,应该去安抚她,使她的心能安下来。

　　"你对孩子的挂念之情,就像一条绳子,会绑住他,使他解脱不了;唯有你将心门打开,剪断绳子,他才会自在。孩子心地纯真,你也要以纯真的心念祝福他,这才是真正的疼爱。

　　"孩子生命虽然短暂,你若能因此启发大爱,他就没有白来人间一趟,所以要感恩孩子的示现。所谓的大爱,就是宽心原谅保姆,宽心祝福孩子,并且视普天下的小孩都是自己的孩子。"

祝福孩子，关怀父母

一对年轻夫妇原本有个五个月大的孩子，三个月前由于保姆照顾不慎，使孩子呛到休克造成脑性麻痹；本是和乐家庭，因父亲及孩子相继入院治疗，心境起伏不定。

上人："每人各有其业缘，你们要多祝福孩子，尽力治疗他。若能存活，就好好照顾；若世缘已尽，就放他走，勿过度牵挂。如今你们为人父母，又遭遇孩子的变故，应该更能体会父母是如何关心自己，所以要及时行孝，尽心尽力关怀父母。"

为孩子好好活下去

　　一位先生的太太于三年前坠楼往生,遗下三名稚龄子女。他自己也因长期郁闷加上罹患肝病,健康每况愈下。

　　上人不忍见他意志消沉,慈慰道:"你要为孩子活下去,而且要活得健康快乐。事情已过去,对未来要怀抱信心与希望,不要让心停留在三年前的悲伤中。孩子丧母已经很可怜,千万不要让他们又失去父亲,你要将自己的身心照顾好。"

不接受能如何？
继续痛苦好受吗？

于一次空难事件后，罹难者家属由慈济人陪同前来。

上人："灵魂既已脱体就与现在的身体无关了，所以，不要再挂怀这件事情。我们要虔诚祝福他们，使他们心无挂碍，乘着好因缘再来人间。否则，心再苦、再不舍，也无济于事，家人要相互安慰、勉励，赶快将心安下，恢复过去的正常生活才行。

"要知道'人生如戏'，每个人来世间，都拿着自己的剧本，扮演各自的角色。如母与子的关系，若孩子已演完此生的戏，先行谢幕，下台后不会再认为仍在舞台上的人是他母亲；同样的，若母亲先下台，也不会说台上的人是自己的孩子。

"这样的比喻，一般人或许能接受，当事人恐

第三章・轮回六趣，受诸苦毒

怕就难了。但不接受又能如何?继续痛苦会比较好吗?大家的心情如此悲伤,对往生者或其他家人可有益处?既然他们已下台,我们不要再整天哭哭啼啼,使家庭笼罩着沉重阴霾,总是要将心门打开,尽快提振精神,使家庭恢复和乐安详。"

放开手中的风筝线

年轻的空军飞行员不幸殉职,父母痛失爱儿悲伤不已。

上人劝慰:"这是很无奈的事,不只你们难过,相信他的朋友、同袍与长官都舍不得。但应该化悲痛为力量,莫埋怨亲缘短暂,也不要想是在劫难逃,各人有各人的因缘,无法事先预料。父母要走出伤痛,为他祝福,就像风筝已破,就要放开手中的风筝线,让风筝随风而去,让孩子随缘而去。

"如果父母的心打不开,无论诵经、做法事或为他捐款做功德,都对他没有帮助。唯有父母因为孩子的意外,透彻人生无常的道理,并以开阔心胸帮助他人,才会是孩子的功德。"

到站下车,互道珍重

一位师姊的先生骤然往生,心事难解,盼求上人开导。

上人殷殷劝勉:"事情发生了,心思要往好的方向,不要钻牛角尖,看你钻得这样辛苦,他也不能安心。

"他此生缘已尽,就好似在人生列车上,他购买的车票只到这里,就得下车;但我们还没到站,仍要继续搭下去。因此要安心对他说再见,请他好好保重自己,祝福他顺利搭上下一班车。记得还有很多人需要我们去帮助,你还有力量,若缩在私情及小爱中,反而辛苦,要勇敢一点。"

训练天天快乐

一位师姊罹患癌症,已接受化疗,肿瘤却持续增长,于是想放弃治疗。

上人劝勉:"要听医师的话,有病的时候将身体交给医师,医师总是会想尽办法,当此路不通,他会再找另一条路走。而你的心就交给佛菩萨,人生的大自然法则,要宽心接受,要把心训练得每天都很快乐。"

欢喜一天是赚一天
欢喜一年是赚一年

一位师姊宿有痼疾,经长期治疗已颇稳定,但最近又有变化,特来请求上人祝福。

上人言:"能有一天的欢喜,就等于'赚'了一天;能得一年的快乐,就是'赚'到一年。如何'赚'到?有做才有得赚,没有做就是损失。真有病痛固然要积极求医,但也不要存有'我是病人'的心态,更当珍惜时光做该做的事,保持心灵的自在与欢喜。

"死,只不过是睡了一觉而已,无须恐惧。至于如何辨识该随何而去?就要在平时坚定愿力,生时多行善事,则最后一刻来临时,自己的心明明白白,自然随着自发的'心光',向着有福的地方去。"

可怕的是"自己吓自己"

有位医院院长罹患胃癌且蔓延至肝脏，因无法接受事实而生活消极。于手术前，院长夫人特地请上人为院长"加持"。

上人："'病'不是什么人'加持'就会改变，自己要保持乐观，看淡生死，心不挂碍，对病情自然有帮助。心情好，身体功能才会好，若有烦恼，体内器官和细胞都会产生变化；所以不要太烦恼。他自己是医师，应该知道这个道理才是。

"尽管每个人的生命长短不一，但生老病死是人生必经过程，所以家属要看开，以虔诚的心祝福他。生死并不可怕，可怕的是'自己吓自己'，以佛教而言，死只是舍此投彼，换一个生命再出生。所以生死要看淡一点，有一天的生命就尽一天的责任。

"人生的意义不在寿命的长短。烦恼惶恐是过一天，轻安自在也是过一天，那么，何不让自己每天过得轻安自在呢？你要坚强些，多鼓励他才是。"

细胞在活动

一位先生夜不成眠,常感觉有物压身,见上人的当下,又感到有东西在眉尖上动。

上人:"人体由细胞组成,无时无刻不在活动中,就连一根毫毛也在活动。身上毛发如果不动,怎会愈来愈长?不要再挂念自己身体如何,徒然自己吓自己!"

身心会相互影响

一位大专青年因独自打坐,导致精神恍惚,长期饮食不正常。且因对父亲积怨难消,遂成心中挂碍。

上人安慰他:"其实没有什么事,只是你自己过于胡思乱想;要提振精神,每天好好吃饭,因为营养不够,身体虚弱,心就无法静下来。父母总是深爱着孩子,你要打开心门,不要对父亲有所埋怨。"

虔诚，不只对佛菩萨，也要对人

一位太太自两年前学会打坐后开始出现语无伦次，曾说有声音在呼唤她。除了自己常拜佛不起，并要求家人也与她一样，令家人困扰。

上人："所谓'虔诚'，不只是对佛菩萨虔诚，人与人之间能诚意相待，也是虔诚，若真有虔诚的心，就要以沉静的心听人说话。真正的佛教徒，并不只是拜佛念经，而是凡事用心，做人慈悲；但在爱人之前要先爱自己，将自己的身体照顾好，才能照顾别人。自己要有正见，不要别人说什么都信以为真而胡乱作为。

"佛法不离世间法，所以佛法是我们生活的教育，不要想得太玄妙。不要只是空拜佛，要将佛法运用在生活上。先生、婆婆都对你很好，要知足、感恩才是。心思不要再乱想，要照顾好自己。"

专心做事度过一时的震惊

一位女孩无意间看见往生者面容，因惊吓过度，已三个月无法正常作息。

上人关怀地说道："人生本就来来去去，有什么好怕呢？我常去看捐赠大体的人，我用很尊重、庄严的心去看，所以不觉得有什么。人生难免会遭遇意料不到的事，一时的震惊就好像心被刺了一下，不要常放在心上，找件事专心去做，这段过渡期自然会过去。"

读书要尽分专注，
分数莫过度在意

初一少女在校成绩优秀，近来因太过重视学业分数，有抑郁症现象，于是想办休学。

上人劝导："你心念都放在分数高低上，如何好好用功呢？用功读书是好事，也是学生的本分，但太在意分数，注意力就无法专注在书本，反而读不好。凡事只要尽力就好，一心一意用功就是尽心尽力，若是求好心切，太在意分数而胡思乱想，徒然浪费时间。读书是为了将来能奉献社会，重要的是真才实学，分数高低无须太执著。"

不理幻象,面对真实

有位女孩由兄长带来见上人,她曾罹患精神病,服药未久却自行停药。女孩表示希望出家修行,并言在家诵经时,常听到怪异的声音。

上人:"不要将幻想的境界误以为真,要面对现实。就像我现在与你讲话,你正听我说话,同时也有其他人在旁听,这是真实的。若离开真实境界,听到的声音就是幻象,无须理会。专注精神多做好事,照顾好自己的心,不让父母担心,就是修行。莫执著于'要修行,所以必须诵经'。端正心念、培养定力,才是真正的学佛之路。"

执"有"易我慢
执"空"易入魔

一位先生在家中"闭关",持诵经咒。一段时日后,自认是"莲华生大士"化身,且已得念佛三昧,能了知一切事;其妻闻言惊惶,偕同来见上人。

上人:"真修行者须面对现实;离开现实,便是虚幻境界。执著'空'或'有',都非真实法。执著'有',易生贡高我慢心;执著虚幻,则会走火入魔,说些别人看不到、听不到的境界。修行其实很单纯,就是修养自己,不与人计较,守本分、尽本事,这才是正常的人生,也才是佛陀对我们的教育。"

元气恢复，人生充满希望！

一位男孩时感精神不济，夜里频作噩梦，求神问卜说是祖先作祟所致。

上人安慰男孩："祖先都是疼爱子孙的，无论生前或身后，必定都一心庇护子孙，哪有可能为害晚辈呢？

"一切都是自己想象，因为晚上睡不好，白天精神虚弱就容易胡思乱想，以致影响夜里经常作梦。不舒服时，应当要就医服药，好好地睡，好好地吃，将作息规律调整好。元气恢复就会感觉人生充满希望，对生活兴致盎然，不致对一切都感到乏味。"

大转法轮

发大慈悲,将欲救拔说法无量,义亦无量法譬如水,能洗垢秽世间不离生灭法，人事万般是无常；菩萨通达诸法、安住实相，不忍众生执迷虚妄假相，所以发大慈悲救拔苦难、常转法轮广演佛法。众生根机无量、烦恼无量，菩萨因此说法无量，故义理无量。虽然法义无量，但诸法皆由心生；虽然道理开阔，但总归清净本性。以一切法对治一切心，如水能洗涤世间污秽，法水能净化众生心垢，引导众生展露本具善性。

第四章 发大慈悲，将欲救拔

救灾要带动人，救灾民要及时

问："水灾多因人为先破坏自然环境所致，根本解决之道应从水土保持着手，才是积极的做法；至于救助水灾受难者，已是消极行为。这样的看法对吗？"

答："那些日久累积、严重的破坏，要完全恢复，并非立刻能解决，而灾民正处于非常艰困的情况，救灾有其迫切的必要。

"人贵在有理想，但理想要务实，否则就流于空想。很多事必须大家一起努力，不是一人想想就可解决。自己的生活、工作范围内能做到多少，在当下就尽力去做。人人从自己做起，再带动别人，整个社会就会渐渐有共识。"

种下得助福缘

问:"佛教讲因果,苦难既是应受的果报,唯受之方能消除,若解除苦难,会不会让这分果报因而无法消除?"

答:"莫认为苦难人'理所当然'要承受苦果苦报,应知正因有众生苦难,启发自己的爱心去救济,个己才有修行成佛的机会,要心怀感恩。

"在佛教称人间为娑婆世界,意即堪忍世界。生于娑婆的众生有种种苦难,佛陀即为教导众生脱苦而来人间。然而,能与佛同世,是过去生曾有因缘;同理,苦难人也需有福才能遇到生命中的贵人,若无缘,即使有人想伸手相助亦会有种种阻碍,无法触及。

"所以,慈济人走入人群教富济贫、济贫教富,教导受助者虽然生活贫困,只要发心付出一分爱,即种下福因;有福因福缘,才有得到救助的机会。"

尊重无辜胎儿的生命

一位妇产科医师表示,因现代人行为开放,门诊时常有未婚怀孕者要求人工流产。在为人堕胎和保留小孩间,倍感压力。

上人:"宗教家的立场是尊重生命,不管在什么情况下形成的胎儿,生命都是无辜的,这是现行教育的问题,社会风气太开放、道德情操低落所致。若在未发生时自我规范,不让它发生,就不会有困扰。"

司法公正,社会安定

一群从事法务工作的人员来访,问起:"近来接连发生重大刑案,社会乱象丛生,上人是否期待法务界人士做些什么?"

上人表示,近来民心浮动,法务界人士必须伸张正义,对任何案件皆须廉明公正地处理。"检察官要用很缜密的心判断案情,合理判决。社会需要法律维持秩序,对恶人判刑不公,社会易乱;受冤的人不能申冤,也会乱。所以刑法要公正,才能维持社会安定。"

饮食要节制，健康靠自己

问:"人生有四相——生老病死，现在人病苦居多，有何方法能去除病的部分？"

答:"能否去除病苦，端看能否好好照顾自己的身体；如果整日吃喝玩乐，生活颠倒，等于为自己的人生埋伏病根。又如抽烟、喝酒、吃槟榔就是污染自己的身体。好比大地没做好水土保持、不断受到污染和破坏一样，不酿灾也难。

"在日常生活饮食方面，有人说：'天生万物，就是让人吃的。'然而病从口入，例如口蹄疫、禽流感等传染病都与饮食习惯有关。所以要远离这类疾病，端看是否能自我节制饮食。若能透过教育，帮助民众建立良好的卫生饮食理念，即是去除病苦的方法。忍一时辛苦，就能得一世幸福。所以身体的健康还是得靠自己！"

转念消气后再说话

问:"如何才不会嫉恶如仇,对待任何人、事都能柔言软语?"

答:"我也会生气,但动气后会马上转念,教自己'凡事包容'。有时在当下难免想着:'怎么这样呢!'但也相信:'总有一天,他一定会改好!'所以,当情绪一来,先自我沉淀,等冷静之后再说话,才不会伤人或造成对立。

"有人生气时就不说话,赶快离开现场,避免冲突。其实,生气时若马上掉头走开,也可能伤人,因为别人会觉得我们在生气。怒气外露太明显,也有欠修养。

"总之,世间哪有什么仇人?不妨善加学习修养的功夫,做到普天之下没有我不爱的人。"

幸好平时有做

问:"为何有些自认行善之人,一遇病痛,就有'我这么投入,怎么会这样……'的心态?"

答:"如果信念坚定,就不会心生惶恐,这是意志力的问题。信力不强就会心生惶恐,心一惶恐则人家怎么说就怎么信。如果有人对投入行善的人说:'你做了这么多,怎么会生病?'应该回答:'幸好我平时有在做。很多人连付出的机会都没有。'

"并非做好事就不会得病,如果不做,过去那段付出而得到的欢喜,以及与大家所结的缘,就没有了。所以,应该要觉得庆幸。"

熬得过，就海阔天空

一位高中毕业的年轻人，虽有一技之长，却因沉迷电玩，误交损友，又染上毒瘾，令母亲十分苦恼！

上人慈祥看着低头不语的年轻人说："好傻啊！孩子。只要毅力坚强，任何人都影响不了你，一定能改过来。只要你熬得过，就能海阔天空；改过迁善的人生，真正很了不起！"

"你有信心吗？"上人问，年轻人默默地点头。"有信心，就要下定决心，虽然会有一段辛苦的时间，但熬过一小时就得一小时，熬过一天得一天，这样熬过之后，就全得了。不妨在家里阅读有益的书，不管谁来邀你，都不要出去，也不要接电话，此时可多念佛，时时提醒自己：'我不能被影响！'知道吗？"孩子再次点头。

上人鼓励他："我对你有信心，你也要对自己有信心！"

知道还不够，必须下决心

由父亲独力养育的一个孩子，原本品学兼优，却染上毒瘾荒废学业，长大后，事业也一无所成，眼看婚姻又将破碎，为父心极不忍，请求上人救救这个儿子。

上人婉言劝告这个儿子说，家庭天伦之乐是人生的幸福，要赶快回头。人生的前途要自己开创，身为家中梁柱，上有老父，下有妻小，需珍惜同为一家人的缘分，负起家的责任，让父亲安心，也让妻小生活稳定，莫让他们毫无依恃。

上人叮咛："凡事就在一个决心而已，并不困难，千万不要自我放弃，要自我勉励！光是'知道'要改还不够，必须'下定决心'才行，即使转变时，内心会非常挣扎，也要提振志气，将人生方向转往正确的目标。"

健康心环境，每秒都成功

一位年轻人将届而立之年，但心仍不定，所做的事常令长辈操心、伤心。

上人劝慰："所谓环境，有内心与外在之别，而最重要的环境就是心。内心若建设得健康，则不论外境如何，都不会受影响；所以，将心理建设好最重要。有健康的心理，观念正确，就明白人生成功之道；观念不正确，常怀瞋恨心，恶就会不断成长，而抹煞人生的幸福、安乐。

"成功是时间的累积，我们应该把握时间，不浪费一分一秒。例如每天花两小时学功夫，假以时日变得熟练而有成就，功夫就是自己的；若每天蹉跎两小时，则将一事难成。心没有建设好，时间分秒过去，反而让错误愈犯愈多；如果能建设好健康的心环境，则每一分秒都是成功的人生。"

尽责、知足，就是好

一位先生诉说两个儿子都读大学，且品学兼优，但老二专攻经济学，他认为走学术理论路线"出路不好"，希望儿子能转读法律、会计之类，将来生活较有保障。

上人告诉他，仁爱之家有位六十多岁老人家，曾留学日本、德国，取得博士学位，可通五国语文；三个儿子也有硕士学历，且事业有成。但为何他老了之后，却独自住在养老院中？这位老人家只说是"因果"使然，其余不便多讲。

"老人家也曾风光过，如今又如何？儿孙自有儿孙福，对子女只要尽为人父母的责任就好，让孩子读自己有兴趣的，不要勉强他为你而读。要做菩萨父母，懂得以智慧引导，尊重子女的选择。"

尽管上人再说："孩子已成年，应给予他自主权。"这位先生仍说："但我担心他以后发展不好。"见这位先生仍固执己见，上人颇感无奈："我听你说都觉得累了，何况是你儿子呢！孩子很乖，就要欢喜满足，实在不用操心太甚。"

在旁有位妇人，家境富裕，但皆生育女孩，看这位先生为儿子前途挂心，便说："有儿子就好了！我真羡慕你有两个儿子，我的都是女儿。"

随即又有一对夫妇前来，太太述说家中有三女一子，女儿们都很懂事，唯独三十出头的幼子令人头痛，从小就不学好，不仅到处向人借钱，且会打架闹事，无恶不做，全家为他受尽折磨。外人不知，只道她命好，嫁个有地位、脾气又好的先生，她却叹言："我这一生活得很苦！"

上人闻言，马上望向为儿子学业操心的先生说："你听到了吗？"他点点头，似乎有些觉悟——只要孩子乖巧就应知足。

上人再劝这位为儿子不学好而沮丧的太太："你们亲子之缘就是如此，尽责任就好了。"

这位太太说，儿子看他们二老年纪已大，有些后悔曾如此惹他们伤心,加上慈济师兄师姊帮忙辅导,近来已有改善。

上人于是鼓励她:"不要怨叹,多看好的那面,不要尽看缺失。多想想你与先生及女儿之间的好缘,要欢喜你们有缘走入慈济,视普天下年幼者都是自己的孩子。儿子现在既有心改过,要原谅他,给他机会,所谓浪子回头金不换;但也不要寄望过多,让他自己好好去想。"

"要记得你还有三个好女儿啊!"上人提醒她之后,又对只有生养女儿的妇人说:"你还埋怨没有儿子吗?"她不好意思地摇摇手说:"我不是怨啦,是羡慕。不过,现在觉得'女儿也很好'!"

此时,在场众人早已笑成一片!觉得今日真是因缘凑巧,彼此互为明镜,相互教育。原来人常不满足于所拥有的,总认为自己的有缺憾,因而自找烦恼。

将事业当志业

一位担任某企业集团总经理的慈济师兄问:"企业讲究竞争,难免会有压力,时觉心烦,要如何面对?"

上人答:"重心在'事业',压力自然大;反观慈济人做'志业',虽然辛苦,心灵却很欢喜。两者的差异在于'得失心',想得,就会怕失去。假如能以志业精神落实于事业上,就不会有这个问题。事业无法避免与人竞争,但若能当成本分,努力将品质做好,竞争就会变成向上的动力。"

以感恩心对待员工

一位企业家来访,提及事业自多年前受金融风暴冲击,虽日渐复苏,仍有一段艰难长路须面对,恳请上人予以开示。

上人劝勉道,佛法有云,世间财物乃"王、贼、火、水、恶子"五家共有,只要观念一转,即使社会动荡而让财富无法安住,也能释然。"并非要人不做事业,而是应思考自己经营事业所为何来?是为人群,或是为了自己?倘若为自己而做就不会顾及他人,员工为老板赚钱而辛苦工作,却换得刻薄相待,便会不情不愿而百般计较;反之,若能体认自己乃有福之人,并善用能力为社会付出,以感恩心对待为自己做事的人,让员工甘愿投入事业,老板才会做得轻松。"

坚强就有转机

有妇人偕先生来见上人,表示时逢世界性经济不景气,先生面对经济萧条的低潮不免忧思难安,不知如何度过此次事业上的瓶颈?

上人:"当前经济上的艰难并非只波及少数人,而是整个大环境都同时在面对,这时必定要用耐心、毅力渡过难关。无论再强的风雨,最后都会过去。凡事都是如此,经济不景气也会过去,要坚强面对,待大环境经济复苏,事业自然就有转机。"

种树但求尽力，护树务开风气

　　一对父子在山上买地种树已三年，表示想尽此一生投注于种树、养树，如果可以，希望能扩大范围，甚至不只在台湾保护山林。

　　上人："护树种树当然很好，但求尽己之力，不要执著，若是一直挂念着要种多少树、种树的范围多广，会让此念头缠绕不去。应该让大家都具有护树的观念，不要再开垦、砍伐，否则耗费数十年才能养成一棵大树，却只要五分钟就被砍伐了。"

信己也信人

一位妇人问:"我小时候怕被大人骂,结婚后怕被先生骂,上班怕被上司骂,从小到大总是感到惶恐不安。究竟如何能'放下'?"

上人:"你要'信'——信自己,也信别人。若认为行得正,就要自信并无邪思邪念,同时也相信别人都有爱心,不要疑心病重、误解别人的用心,如此就会过得很自在。"

妇人:"很多事我都无法做到圆融。"

上人劝慰:"人生本来都有缺陷,自己要建立信心,信任自己已尽心尽力,并且没有犯什么大错误,也要相信别人一定都有爱心。"

妇人:"我常觉得自己付出很多,却没有得到回馈。"

上人:"以为自己已经做很多,这种心态就是烦恼的来源。不要想自己付出多少,应视为是做人的本分。若老是计较得失,会感到人人都对不起我。"

菩萨的爱心与智慧

有群慈济教师联谊会成员主办原住民儿童营队，老师们看到原住民小孩的遭遇，不禁心生悲悯，哭得很伤心。上人认为大家太过感性，因此提醒要理性一点。

"这些孩子的生活环境的确困窘，但他们从小生长于此，其实也已习惯，并不觉得苦。"对于老师们无微不至地疼爱这些孩子，上人反而有点替孩子们担心。

"他们来参加营队，被爱得无微不至，衣服是新的，东西是好的，睡的地方干净舒适……一切与他们的家庭环境不同；如此会不会让他们回去后心生比较，变得更不快乐？虽然你们很诚恳地付出爱，却只有几天而已，这种短期爸妈怎能和亲生父母相比呢？但是孩子们容易分辨不清。

"小孩子若生起欲念却得不到满足，就容易反抗。所以应该教导孩子懂得知足。譬如告诉他们：

'房子美丑不重要,只要整理得干干净净,就是最美的房子。'此外,还要教他们懂礼仪、知感恩,了解'虽然我的环境不好,但是爸妈很疼爱我,他们工作很辛苦'。"

最后,上人鼓励老师们:"你们全心全意投入,把别人的孩子当成自己的孩子,是名副其实的人间菩萨。但如果只有菩萨的爱而欠缺菩萨的智慧,就会像鸟的一边翅膀失灵,是很危险的。所以,菩萨的爱心要保持,同时也要发挥菩萨的智慧。"

记录人生，探讨真理

一位大爱台摄影记者提到，曾因心生不忍，而对于拍摄个案感到犹豫。

上人："你们所报导的这位截肢先生很勇敢，我很佩服这位先生，他不去想失去的，只欢喜珍惜目前拥有的；虽然失去双脚，住屋既小且破陋，但是他的脸上看不到一丝苦楚，令人感觉到很有修养、很有内涵。在我的眼中，他是修行者，这么苦难的环境，一点都不影响他的心境，其人实在值得学习，值得记录供人效法。

"至于苦难的人生，倘若没有拍摄画面，只是听闻口头转述，无法使人生起强烈的怜悯心，进而探究其人生之苦，了解其环境之劣。"上人教导同仁，慈济人至各地付出，将所见所闻留存回传，才能发掘苦难，使人知苦、探讨苦因，进而拔除其苦。

无私大爱不偏倚

问:"为何慈济十戒中有'不参与政治活动、示威游行'?"

答:"假如'不参与政治'的立场不够坚定,难保不会有政党来笼络,一旦意识有所偏向,就无法维护宗教的超然襟怀。宗教是无私大爱,必须不偏倚,就如佛陀所说,一根巨木须直放于水中央顺水而下,才不会碰撞两岸而受损毁伤,也才能顺流入海而海阔天空。虽然慈济不参与政治,但很关心政治,所以鼓励慈济人要做奉公守法的好公民,选举时也要选贤与能,用心谨慎投下自己神圣、宝贵的一票。"

守住宗教本分

问:"像慈济这么好的团体,假如有执政者加入,对台湾的发展可有决策性的影响,台湾的政治会更清明,台湾的未来会更好。"

答:"宗教归宗教,政治归政治;慈济总是做自己该做的本分事,既然是宗教团体,就要守于宗教本分,不能刻意去影响政治,以免政、教混淆不清,徒然产生许多弊端。如果政治家愿意加入慈济,我们也会随缘欢迎,但并不强求。"

第五章

说法无量，义亦无量

心安即理得

问:"一般人如何判别自己的行为是否正确?"

答:"要判断所做的事是对或错,要自问做了之后是否安心、有否后悔。如能对别人付出,解决他人困境,能自我肯定,别人也认同,就能心安理得。"

怜悯，也是善解

问:"如何对不知足者的行为善解?"

答:"尽量用善法影响他，若影响不了就怜悯他。知足的人才会快乐，不知足的人内心其实很苦，能想到理由怜悯对方，这就是善解。"

心宽量大,压力自无

问:"上人平时如何纾解心中压力?"

答:"'心宽''量大'!如果没有这样的心量,每天有这么多事情,如何消化?每天遇到这么多人事,又如何容纳呢?"

茹素,健身净心

问:"表现爱心,是否要吃素?"

答:"素食的意义,不是为了表现爱心,而是对身体的保健、对心灵的净化。众生与我们同样恐惧死亡,我们因不忍杀害而素食,就是保护自己的慈悲心;若是荤食,必有生命因此牺牲。再者,如果动物染疾,一旦误食,对自身的健康也有不好的影响。所以,吃素是对身心的保健与净化。"

从对己待人去了解自己

问:"如何了解自己?"

答:"知道自己肚子饿了,就是了解自己;该睡觉就去睡,是了解自己;睡醒了要工作,也是了解自己。不要钻牛角尖,思想上不要太复杂。

"其实重要的是如何了解别人,想想在工作上是否专挑自己喜欢的去做,而将不想做的推给别人。若能设身处地为人着想,此时就了解自己——我是一个善解人意的人;如果常常看人不顺眼,也是了解自己——我是一个心量狭窄的人。"

心里要有天下人

一位师姊说:"上人说心要宽,所以我每天都把师父放心上,遇事即心宽善解。"

上人回应:"心灵只放师父一个人还不够宽,要放天下人才够宽。"

以善传家

上人与来访的企业界人士谈话时，提及对子女的教养观念。

"与其留下庞大家产、事业给孩子，不如以善传家，指引子女行善，才是正确的人生。慈济的目标是净化人心，也就是教导人人负起自身的责任。如孩子现在的责任是用功读书，以后就要负起家庭责任，这就是心灵净化。"

因时因地转观念

环保志工运用巧思,以资源回收的报纸重叠捆扎,再铺小碎布缝制的椅垫,做成椅子,但有人说:"报纸不能坐,因为报纸上都是字,不可以拿来坐。"此事引起环保志工的困扰,故请示上人。

当时,上人就坐在纸椅上,便直接回答志工:"没关系!就跟他们说师父坐过了,所以大家都可以坐。"志工们闻言,总算如释重负。

由于有人对此仍有疑虑,上人遂对众解说,过去中国人教育小孩"要惜字",为的是加强孩子戒慎习字之心,所以经常训诲:"你要惜字,不惜字,以后就会不识字。"而有字的纸要清理时,则是用火烧毁。

"纸一烧,就没有了。而现在我们提倡资源回收,借着分类回收化垃圾为黄金,把没有用的东西再利用,此即'化无用为有用'。化已无用的旧纸为可用的椅子,是资源再利用,珍惜资源并无不宜。"

上人教导大家,古老的观念要深明其因,古人戒慎习字,尊重文字;而我们是因时因地制宜,爱惜字纸再利用,为的正是要珍惜大地资源。

主观论断的迷信

有师姊提到某人无端在媒体上做不实言论,在旁一位师兄感其无风生浪,脱口就说:"所以才会得喉癌。"

上人马上制止:"不能这样说,事实上就因果言,未必是如此。人得病已很无奈了,假如还据此论断,那么喉癌患者听了,将如何自责!这样的说法,也是一种迷信。"

上人表示,人最怕的就是迷信,而在衣食住行中,都有迷信的现象存在。例如衣服是用来遮体蔽寒,及表达人与人间的礼节;但却有人迷信名牌或高价位,以为如此才能穿出品位。也有人以为非肉食则无体力,甚至迷信吃活鳖、熊掌等能补身;还有人迷于睡觉要睡又高又大的床,车辆要豪华气派等,凡此都是迷信的行径。

实际付出就是做
用心体会就有得

问:"曾有人质疑,所谓'船过水无痕',事情既已过去,为何还要留下档案?"

答:"这就如同在问为何留下大藏经。留下愈多、愈丰富的法,后人愈有机会阅读而得到教化。所以,我们要担心的是不能留下更多史料,而不是留太多。"

问:"如此埋首在文字中,是否不如实际投入救灾工作者来得更有体会?"

答:"大家从制作档案中,能够知道香积组如何用心炊事,也能得知慈诚师兄们流汗盖屋的心情,若真能用心深入去体会,这也是很实际的付出,怎会不是'做'呢?

"就像一位年近花甲的阿嬷,人老心不老,经常熬夜协助输入电脑资料，这份心练就了真功夫！大家辛苦付出，既长养自己做事的能力，也留下珍贵史料，使人鉴往知来，明白人生正确方向，足见所做是多么重要又有意义。"

第五章 · 说法无量，义亦无量

三不智、三不祥

问:"如何知人、用人?"

答:"知人、用人,有'三不智'与'三不祥'。身边的人有才干却从未发现,是缺乏识人的慧眼,既不智亦不祥,是为其一;知而不用是愚痴,更为不祥,是为其二;既已用人却不托付责任,则尤其不利,是为其三。

"能知人善任,对团体大有助益,好人做好事、好事好人做,就是吉祥;团体中有许多好人才,同心协力,能成就许多利益群生之事。若只因畏惧他人比自己有能力而压制人才,是无智慧之人;其实存有害怕别人比自己能干的心,永远都不如人。要举才而用,才是真有智慧,也才能真正对大局有所帮助。"

带人之道在于缩小自己

上人对弟子讲带人之道,指出首重缩小自己。

"爱的表达,就是'缩小自己'。别人感受到你谦和的爱,自然会接近;假如气势太盛,人人敬而远之唯恐不及,怎会想靠近?不要总想着自己付出很多,要别人听从自己的话。

"在企业机构,老板有权管理员工;但在慈济人人平等,没有权力高下之分。想要借重别人的力量做事,就要令人做得欢喜,而不是烦恼重重;要使人做得欢喜,必须缩小自己,也就是凡事要谦虚,多礼让。"

"心上无痕"的禅机

一位地方首长来访，言及曾遇一桩常人无法欣然接受的事情，自己却没有将丝毫愠色"摆在脸上"。

上人闻言即刻回答："也不要摆在心上！"此语颇富禅机，首长不禁会心一笑，毕竟"心上无痕"是上乘的心地功夫。

上人再言，量大福就大，凡事要用平常心对待。"现今社会充满'霸气'，而民众最需要的是'和气'，祥和之气才是社会的福气！"

莫做吸尘器

有位志业体同仁来报告事项。

上人听闻后开示,为人不可过分敏感、脆弱,人间难免会有无中生有之事,要是经常受到这些闲言闲语影响,就如同自愿做一部吸尘器吸收杂物垃圾一般,这样反而苦了自己。

心灵防火墙

上人与几位师兄师姊谈话，期待大家从付出中真实体会助人的欢喜，不要陷于人我是非的烦恼深渊。

"其实，人与人的纷争、失和，常常是'听人家说'，就彼此种下成见。如有人以自己的观念来判读所听到的话，然后再以自己的表达方式转述给你听，你又经过自己的判读，就在这听与说与判读的误差中，彼此就心怀芥蒂，画下一道鸿沟。一如电脑有'防火墙'，我们的心灵也应该有'防火墙'，对于别人说的是非，要提高警觉不去附和，并用智慧过滤杂音，才能照顾好自己的慧命，而不受是非杂音损伤。"

不偏于研究见解
更要从做中体悟

与一位学者谈话时，上人表示，现代人需要的是"学佛"——实践佛陀的教法，而非钻研于"佛学"。

"若侧重于'佛学'研究，认为力行者因为没有钻研佛法，故不得智慧，于是心生排斥；其实，反而无法体解做中感悟的心得，与文字表达体会的不同。佛法实不离慈、悲、喜、舍，能将慈悲喜舍落实于生活，才是真正的修身养性。"因此莫认为对佛法名相有研究，才是智慧开通，"学术一定要生活化，若只偏重在研究的层次，脱离了生活，实无助益。"

单纯的心思，务实的教育

一位皈依弟子学成归国，将回教育志业体工作。

上人期勉："学历高的人，就怕太理论化、理想化，因为不切实际，陈义过高，批判性强，因而流于理论，愈钻则愈迷茫。人生本来很简单，许多令人忧心的社会现象，就是出于复杂的思想；所以期待慈济的教育要简单、务实，以单纯的心将思想拉回现实，致力于人格的净化教育，这才是社会之福。"

既自认为很"重",
别人如何"看得起"

慈青干部向上人表示,学长会中数人皆具博士学位,都是非常优秀的人才,可望由他们来带领大家。

上人担心大家还年轻,唯恐恃才傲物,遂开示道,能拿到博士学位,只意谓着求学之路较别人顺利,能有再进修的环境罢了,不可有骄傲的心态,甚至应该比别人多一分感恩心,感恩社会的栽培,使自己有吸收学识的机会。

各行各业只要用心,都能学有专精,若自以为学问很高而骄慢,反而让人瞧不起——因为认为自己很"重",别人就"无法看得起"啊!

"愈是学问、地位高者,愈要缩小自己,否则高处不胜寒,只会很孤单。人生之可爱在于'我爱人、人也爱我'。若有高成就又平易近人,必定受人人所爱;若为人高傲,别人就会觉得'你与我有

第五章・说法无量,义亦无量

何关系',干脆保持距离,如此的人生有何快乐?"

上人叮咛大家,平日要时时自我警惕,既在学识、工作上尽心,也要在为人处世上用心,才能有圆满的人生。

如何相劝？劝勉后如何自处？

有同学问："团体里有人习气重，恐影响新发意的菩提种子退转道心，为了大家好，总希望劝他改过，但又怕话语不妥，伤了彼此的心，也伤了团体的和气。"

上人表示，团体人多，必然有许多不同的习气，若有人能与那位习气重的伙伴谈得来，可以试着将大家的想法、观念向他真诚表明。他如果能接受劝告，也算是净化了他；如果不能接受，就祝福他吧！既然会担心他对别人产生不好的影响，更要好好照顾自己的言行举止，让大家明白慈济人拥有端正的品性。

"有缘的人，任何一句话都是妙法；无缘的人，句句皆是非。所以，若已尽心相劝，就不必再多说，免得彼此结下深重恶缘。还是要继续结好缘，或许日后他就能接受我们的劝导。"

第五章・说法无量，义亦无量

为善精进踏实，为利竞争痛苦

学生："不少医学生选择攻读的科别及工作，是以'利益'为取向，于是造成'竞争'。"

上人："学医者应以'救人'为目标，如果以'利益'为目标，不过是个医匠而已。往救人的方向'精进'，人生才能踏实、自在；反之，为了利益而'竞争'，会愈来愈痛苦。"

发愿，是建立人生方向

问："如何发愿才能对个人事业及家庭有所助益？"

答："每个人都有愿，不过许多人发的愿只是对名利地位的追求，这种欲望永远填不满，心灵总是空虚寂寞。如果将心态转向，朝利益社会的目标，则所发的愿就是利人利己的善愿。所谓的'发愿'，是指'希望的方向'；人生有了方向，只要随分随力朝向目标一步步迈进，不怕到不了，只怕不肯开步走。"

听取建议,坦诚想法,做好沟通

学生:"如果父母的要求和自己的理想有冲突,应该顺从父母,还是选择自己的理想?成家立业后若离开父母,要如何善尽孝道?"

上人:"应该先善体亲心,平心静气地听取父母的建议,好好与父母沟通,也坦诚表达自己的想法,不要为反对而反对。不少年轻人认为'只要我喜欢,有什么不可以',实在不该有此心态,否则会盲目地做出伤己伤人的行为!

"成家立业与孝顺父母并不冲突,若有因缘,最好能将父母接来同住,善尽为人子的本分,也做自己孩子的榜样。"

以身作则为人师

毕业后将投入教职的同学问:"现在的学生都很'聪明'。实际从事教育工作后,不知能否和在慈济所学的人文精神相呼应?"

上人:"学生各有其家庭背景及学习过程,未来还有工作环境及婚姻生活。要引导这些孩子在人生各阶段的变化中,仍能保持慧命的方向,的确不简单。虽然如此,但我期待大家,不只传授学生专业学识及职业功能,更重要的是要启发他们的智慧,引导他们付出良能。

"良能人人与生俱来,只是不知好好运用;平常人所发挥的是功能,是从书本得来的学识。若有心将慈济精神注入学生心灵中,自己就必须先充分体解慈济清净大爱的信念,才能透过身为人师的角色,以身作则给予学生正确的人格教育。"

第六章 法譬如水,能洗垢穢

乳汁与毒液

问:"如何待人处事而心不被境转?"

答:"同样一盆水,毒蛇喝了,可能化成毒液害人;牛喝了,则化成乳汁供人营养。水的本质相同,但不同的动物喝了就产生不同作用。此可比喻说明:'智者,学而成菩提;愚者,学而成烦恼'。

"有时分明是好事却当成是非来议论,实在不智;我们应以人事为教育,增长智慧以奉献人群。"

基本需求是自然
过度欲望是贪求

问:"吃是人基本的需求,但是'想要吃'或'需要吃',是否就是贪的表现?"

答:"'吃'是生活上自然的生态,也是人类基本的需求,这不是贪,离开自然生态的过度欲望,才叫做贪。"

玫瑰与刺

一位身任干部的慈济师兄,向上人倾诉人际相处的困扰。

上人:"说话要温馨,不要理直气壮说:'你不做,还有很多人等着做!'这样就很伤人。

"讲话若太直,与我们志不同道不合者,听来都是刺;反之,尽管是带刺玫瑰,志同道合者看到的却是玫瑰的美。只有知心者,才能了解刺的上方就是玫瑰,也才会了解,这些话都是为他好。"

早起并不难

　　大爱台新进同仁于静思精舍进行数天研习课程,与上人座谈时,有些同仁表示在精舍生活,每天都要早起,真不容易。

　　上人勉众:"寒冬里要离开暖和的被窝,确实颇为困难,但只要我们肯掀开棉被,哪怕天气再冷、时间再早,都会觉得精神奕奕。'难'只是做之前的一种感觉,世间事大抵如此,只要下定决心去做,原先认为困难的事,就会变得容易多了。"

克服困难六字诀

问:"上人创立慈济,多年来遇到的困难一定很多,请问上人如何面对困难?"

答:"只有六个字——'甘愿做,欢喜受',既然是自己选择的路,就要甘愿去做,不论遇到什么困难,都要欢喜接受;道理就是这么简单。"

为自己才会难忍

问:"我觉得要做到'忍',真不容易!"

答:"太过'聪明'会常计较,就有得失的心态,也因此无法忍耐。"

问:"如果得失的心态并不是为自己呢?"

答:"虽说不是为自己,其实还是为己的成分居多。例如,人们往往会怪别人:'我已经这么容忍你了,为什么你不能退一步?'这不是为自己又是为谁呢?"

第六章・法譬如水,能洗垢秽

对的事，做就对了！

问："人心如何净化？"

答："想要净化人心，重要的还是走入人群去付出。

"对于诸多无奈的人生，如病痛、贫穷，或突然遭到意外伤害，他们已经身受其苦，我们应照顾好他们心灵的健康，陪伴他们走过人生坎坷的阶段；或者有人即将走到人生终点，教他们打开心门，轻安自在地接受临终，这也是我们要努力的。

"透过爱的行动，使人感受到付出爱心的人是最幸福的人，如此就能引导人转变观念，从怨天尤人，变成积极行善助人。

"其实社会上爱心人士很多，但是爱心必须结合，才能发挥有效的力量。所以，对的事，'做，就对了！'除了自己做，也带动别人付出，人心才能真正净化。"

不贪不求，就能信任

一位慈济师姊问道，上人所说的"普天三无"怎么可能做到？以"普天下没有我不信任的人"来说，真实世界里若轻易就相信别人，可能会被对方所欺骗！

上人表示，心中有贪，才会觉得被骗；对人有所求，才会去骗人。若彼此间无任何利害关系，就不会相互怀疑，因为自认为没有什么好让人骗的，所以自然会愿意信任。

无悔付出成就解脱人生

问:"人从出生开始,就为这副身体百般费心。是否舍弃身体就能了生脱死?"

答:"只要还有知觉,就无法舍弃身体。身体舍不去,能'了生脱死'吗?可以的。在有限的生命里尽力服务人群,生命价值自然提升,如此无悔的人生就是解脱的人生;如果整天无所事事,则是浪费生命,也可惜了辛苦照顾的身体。"

感恩困难为前进助力

问:"推动各项志业频受挫折时,上人如何面对?是否会忧虑众生难以度化?"

答:"开辟之路,步步艰巨,但我会将困难视为助力,而非阻力,一切只是观念而已。

"一直以来,小病不断,警惕我生命无常;遇到困难,提醒我不可懈怠。所以,有了困难,并不以为苦,反而感恩困难来得正是时候,将困难当作推动前进的力量。

"至于是否会忧虑?只要心中有信念,就不必担心什么。世间万事总无常,在无常中建立永恒之事,一定要抱持信心才行。所以,无须担忧将来会如何,只要对己、对人充满信心,把握现在,做就对了!"

百炼成钢

暑假期间，针对不同年龄层学生举办多项营队，多位担任工作人员的慈青同学，向上人报告带队心得。他们阅历尚浅，既要与营队干部沟通，又要带领与自己年纪相仿的学员，可说充满考验，多位言及其中甘苦时，不禁心有所感而掉泪。

为纾解大家的压力并鼓舞士气，上人致勉一番："所有投入慈济的大专青年，都叫'慈青'，意即心怀慈悲喜舍的青年。'慈'就是给人快乐，但给人快乐之前，自己要先快乐。很多年轻人不用功读书，喜欢到处游荡，其实玩乐之后，心灵留下的只是空虚。参加营队，面对各种不同的人，学习如何待人处事，如此即能享有踏实的快乐，日后也必然回味无穷。"

上人以过来人的经验表示，"我能体会你们的压力与辛苦，但我也觉得这是锻炼的好机会。就如铁要炼成钢，必须反复经过烈火烧烤、冷水冰冻，才会炼出韧力十足的钢。"

面对人事压力，上人提出纾解的方法。"要抱持'菩萨游戏人间'的态度来做事，凡事看开些，不要计较、比较，自然与人相安无事。看到别人脸色不好，就问问自己，是否因此心里不舒服而与人产生争执？面对别人的责骂、嫌弃，应该包容、不计较，不要拿别人的错误来惩罚自己。倘若没有人事的困难，如何评估自己有多少能耐？就如磅秤一定要有秤锤，才能称出重量。所以，我们应该感恩逆境的磨练，使我们认清自己应该加强的地方。

"所谓'不经一事，不长一智'。在团体中执事，就像上一堂人生课程，'三人行，必有我师焉'，人事之间充满学习的机会，端看自己是否能用心观察、分析，再化为自己修身养性的资粮。"

上人最后叮咛："在团体中领导，不要因碰到挫折就失望。在我认为，没有无法带动的人，只要我们愿大、心切，必然没有困难。所以，要对自己及别人有信心——相信自己做得到，也相信别人可以做得好。"

要镜中人笑，自己要先笑

问："在工作上难免会遇到人事问题，影响做事心情。如何化解冲突，如何做好沟通，如何体谅别人？"

答："当你看人不顺眼，别人也会看你不顺眼。人与人互为镜子，如果要镜中人笑，自己要先笑。在工作岗位上，照顾自己的心、修正自己的态度最重要，不要花许多心思去注意别人是好是坏，如此才能定心，做好自己该做的事，否则就一天到晚'心随境转'了。"

口头念与脚下走

一位慈济师兄喜好广印经书与人结缘,上人鼓励他重要的是自己要亲身去"行经"。

"佛经并不只是在'口头念',而是要能在'脚下走'。实践才不会忘记!"上人举例:参与国际赈灾的慈济人,回来后,所谈内容总不离如何对当地伸援,这是因为他们深入境界,念念不忘那些苦难众生,此即"菩萨所缘,缘苦众生",心系众生苦难,自然恒持爱心善念。

上人勉励师兄,做人要立定志愿,将目标放在"为大众做事";事实上,不懂用钱的人,钱赚愈多烦恼愈多!所以,事业稳定,就应当志业平行。

念头生起，分别善恶，做好选择

问："当心中生起不好的念头，虽然不至于就照着做，但对这个恶念该如何是好？"

答："每个人都会有种种念头，当念头生起时，要懂得'选择'，能分别是善或是恶。好的念头就去执行，这是累积功德；不好的念头就去除，这是消除业障。"

清凉退火的妙药

问:"上人曾说忍一口气还不够,要吞下那口气并消化掉,这如何才能做到?"

答:"发脾气只是瞬间的念头,只要当下稍微转变观念,喝下'慈济四神汤'——知足、感恩、善解、包容,瞋怒怨气自然消散。因为懂得知足、善解,就不会计较;事事感恩、包容,怒气就生不起来。周遭的人事环境无不在成就我们的品格,常喝慈济四神汤这帖清凉退火的妙药,生活必然轻安自在,人生自然可爱。"

力有未逮怎么办？

一位慈济师兄提问，若对于所承担之职务感到力有未逮，该勉强自己继续承担，或是另觅适任人选？

上人："要找人齐心共事！当知慈济志业推展之步伐愈走愈开阔，必须有更多人参与。不要遇到困难就觉得己力不足，想要卸任。慈济人要有所体认，做慈济事乃承担天下事，因此担子很沉重，需要不断培养人才、增加人力。

"人皆是凡夫，有是有非皆属正常，只要自己无私、不怕吃苦，就能忍他人所不能忍。要自我磨练，让心不容易被伤害。当境界现前，一切人、事、物之纷扰，要随时间而过，不要滞留于心，否则是自己和自己过不去！压力很大时，要反过来'在内心下功夫'，进而'对外境不计较'。想想，无常一到，还有什么好计较的呢？"

下定决心，改过即是

有位女士十多年来始终无法戒除打麻将的坏习惯，不但赌输许多钱，婚姻也几度濒临破裂。她曾以烧金纸想助自己戒赌，却嗜赌依旧，所以特来请示上人。

上人开示："戒赌如戒毒，只要下定决心必可做到。若不肯下决心，纵使佛陀再世也无可奈何。

"嗜赌是对自己没有信心，也是毁灭自我的人生。现在戒赌还来得及，唯有身心健全，家庭才能和睦，将来还能以自身改过的经历，度化有相同习气的人，这样的人生才有意义。"

女士想到先生待她很好，孩子也乖巧，自己却难改坏习惯，不禁难过得哭了。

上人安慰她："改过来就是了！千万不要因个人的缺点，影响到周遭爱你的人。"

拔出刺来就不痛
发露忏悔就自在

一位师兄在多年前曾有外缘,但也因此与太太有机缘共同走入慈济。为免团队受到流言蜚语困扰,请求卸下干事职务,由他人承担。

上人慈勉:"只要自己无挂碍,将过去的事说出来让大家知道,就不必怕别人在背后议论,会很自在。就像一根刺插在身上,如果不敢碰它,稍微磨擦就会感到痛苦;但只要将它拔出来,就再也不痛了。我们不挑人毛病,自己也不要怕人挑毛病,反而要将自己错误的过去当成教材,警惕人人不要重蹈覆辙。"

"直心"是善良的心

问:"直接说出内心话,不就是直心吗?"

答:"用善良的本性说话,言语间用心、谨慎、婉转,这就是'直心';听别人说话,纵使是很不好听的话,能善解他出自好意,这也是'直心'。

"人性本善,但有人因习气使然,总想用恶毒的话伤人,这种行为,并非其本性。所以,以直心作道场的人,遇到不入耳的话,不会将话放在心里起烦恼;更不会曲解别人的好意,以为是有心伤害自己。"

有心与用心

问:"'有心''用心'有什么不同?"

答:"有时候因为心念运作的方向不同,'有心'和'用心',结果就差异甚大。若'有心'听人说话时,心怀成见或偏见,往往会将人无心的话,误认为是故意在伤害自己;若能'用心'听人说话,提起善解、包容与感恩之心,就会感恩对方是在提醒、叮咛自己。听话,要用心听出其中的道理,如此就会心平气和;别人无心之语,不要因自己有意接受,反而制造出伤害。

"至于讲话也需留意,有时直言直语虽能起教化作用,但是也须很用心才行;最好能说话婉转,做到'直而圆'。一如三角板有棱有角,但轻轻转动再画,就可以画出圆。所以,我们应感恩肯对我们直接说话的人,而直接说话的人,则要学习温柔表达,如此就圆满了。"

理性与感性

问:"理性和感性两者间有很多矛盾,应如何协调较好?若无法兼顾,选择何者为宜?"

答:"理性与感性,在日常生活中最好能平衡,以佛教来说就是慈悲与智慧,两者不可偏废。如果一定要说何者比较重要,我认为感性比理性重要,人与人之间的感情,是支持我们朝向积极人生目标迈进的力量。过于理性缺少感性,这种冷漠人生,会使人没有前进的动力。

"所以两者最好能平衡,否则,宁可感性多一点,理性少一点。最好慈悲、智慧能平行,如果二者仅能择其一,宁可选择慈悲,因为一个具有真正清净爱心的人,自然能由慈悲中产生智慧。"

简单就是智慧

问:"如何能得智慧?"

答:"心无杂念,凡事乐观,踏实做事,就会有智慧。平常多训练自己,不要忧心不想做的事,也不要烦恼做不到的事,多往该做的事思考;思想不要太复杂,简单就是智慧。"

如何不情绪化？

问："近来感到自己很情绪化，对诸多事情都很不满，看人也不顺眼，该如何是好？"

答："太情绪化，心量会愈缩愈窄，当缩到没有空间，自然会处处碰壁，则授与受之间都会很痛苦。所以，要锻炼出宽阔的心量，不要任何事都有'我'，'我'太大，就没有空间容纳一切；而且不要凡事都认为是自己对，如此，在别人看来，你就不对了。"

用人之道

　　担任主管的同仁们来访，上人述及人才难求，且各有优缺点，无法十全十美。故在带人、用人时，应以平常心对待。

　　"慈济需要很多人才，但在团体里，重要的是有人肯负责，能挑起责任。人要培养使命感，勇于承担责任，愈不想承担责任，愈会感受到压力；反之，若提起勇气担起责任，就无所谓压力。譬如举重选手，只要一鼓作气将力量发挥出来，就不会觉得有多大压力；但若迟迟不举起手，就永远会有提不起的压力在。"

　　人非圣贤，孰能无过？上人认为待人要包容、宽谅。"所谓'成事不说，既往不咎'。事已过去，再说有何用？总要看别人的优点，自己才会快乐；一直看别人的缺点，当然会非常烦恼。所以人与人之间，要能相互善解、感恩。

　　"君子之交淡如水，但不能缺乏菩萨之爱；菩萨之爱，没有特别喜欢或不喜欢的人，所有人都重视，不会有所分别。我常鼓励大家要'心包太虚，量周沙界'，而且说的话一定会做到，才能带动别人一起做。"

误会，是错误的体会

曾经彼此心存芥蒂的两位师兄，各自在不同志业付出，今亦承担重要会务推动工作。两人于上人面前恳切忏悔，并表示为了做慈济，愿放下过去种种误会。

"不只是放下，还要清楚根本没有'误会'存在。所谓'误会'是错误的体会，实则人人本具佛性，都有善良的心，只因在红尘中养成习性。对与错只是观念而已，由于个人所站的角度不同，所见之人事物也有不同观感，因而衍生误会。"

上人借桌上的茶壶说明，坐在不同位置，有人正对壶嘴，有人看到壶柄，角度不同以致所见互异，却不影响茶壶本身之美。"同理，人人本性相同，这份善心的方向一致，只是习性影响观感；正如站的角度不同，并非所见之事物出了差错。

"事情没有差错，既没有人对，也没有人不对，只是被事相迷惑，造成心灵阴影，去除阴影则清净,再重新开始。"

上人殷殷期勉师兄们,若只为了以和供养而相忍,暂且"放下"之后,仍有再"提起"的可能,唯有真正化解心结,才能让人安心。

得道证果

令诸众生,受于快乐
无量众生,发菩提心

佛须是在众生中成就,菩萨是在苦难中成就,所以菩萨以感恩心走入人群,不断启发自己的慈悲心念,不离弃苦恼的芸芸众生,从无私付出中,体证菩提道果。菩萨谈空说有,开启种种法门,使众生灭除无明烦恼,回归于无恐惧、无得失的法喜境界;菩萨更以智慧施教,度化众生萌发道心,透彻虚幻假相,踏实地行在菩萨道上,以清净大爱利益世间。

第七章

令诸众生,受于快乐

拓宽四线道

有位志业体同仁向来温顺和气，人缘颇好，今见其心有千千结，六神无主，上人轻声问："心打结了吗？线头在哪儿呢？"同仁默然，眼眶却红了起来。

"修行路不好走啊，能彼此感恩就没事。"

"知道，但做不到。"

上人顺着她的话引导："知'道'但做不到，那是什么'道'？就是欠缺'四神汤'吧！待人处事要为整体着想，感恩别人的付出。大家都是凡夫，难得相会，要惜缘；不要钻牛角尖，把知足、感恩、善解与包容这条'四线道'拓宽，才是真正的修行。在志业体工作，一如在道场修行，要借事练心。你经常笑眯眯的，要保持同样的欢喜心。你爱别人，别人也爱你，这是最好的修行环境，要懂得惜福和惜缘。"同仁最后展露笑容，欢喜离去。

信仰不同,目标一致

一位师兄偕信仰基督教的未婚妻来访。

上人:"不论是天主教、基督教或佛教,目标皆是引导人心向善,缔造世界和平。所以,家庭成员即使宗教信仰不同,也应相互尊重,千万不可为宗教而伤了彼此感情,甚至争论不休;也无须各自放弃原先的信仰,毕竟有正信的宗教信仰,人生才会充满光明,而不会烦恼丛生。

"希望你们夫妻俩秉持佛菩萨般的爱心,不要相互排斥。"说罢,上人致赠新人贺礼,给予新娘一条观音水晶毫雕项链,新娘微笑领受。

戒烟瘾，长志气

有位年轻人烟瘾难除，虽有心戒除，但总力不从心。

上人告诉他："小习气能改，人生才有成功的希望；若无法改，如何培养志气？能将抽烟习惯戒除，也就表示自己的志有多坚、愿有多切！所以，一定要下决心戒除，以长养自己的信心，增强自己的志气。"听上人一番激励，年轻人点头表示一定不再抽烟。

人生的真实与不真实

有位年轻企业家因事业失败,镇日茫然、魂不守舍;忧心不已的妻子,带他来见上人。

原本沉默的他表示,数日以来感觉每件事都不真实,所以不论做什么事都不积极。

"你是太忧郁了啊!"上人看他面无笑容,表情漠然,想振奋他的意志,"我们若能透彻道理,就会明白世间的确没有真正的真实,但既然来到世间,总要善尽在世间的责任。就尽责任的观点来看,我们必须将世间视作真实,要过踏实的人生,不要逃避。换句话说,虽然我们没有'所有权',却有很实在的'使用权'。

"'世间没有什么是真实的',这个观念是要用在'凡事莫执著、不要患得患失'上面。就如一个人在生活不是很好时,立志想赚大钱,这是一无所有时'患得';之后全心全力投入赚钱,但赚愈多愈不满足,这种'赚再多仍想要更多'的心态,也是'患得'。而拥有很多时，又害怕失去，这就是'患失'。

"如果人生只为赚钱，一遇挫折就烦恼、痛苦，太没有价值。应该想想，虽然有些东西没有了，但仍有很多东西尚未失去，'本钱'依旧在——头脑与身体都还有作用。所以，要将精神、身体照顾好，对自己有信心！"

年轻的企业家，听上人真诚劝导："要欢喜起来！"果真笑了！在场众人也为他感到高兴，祝福他早日走出阴霾，重见阳光。

和事佬

一对论及婚嫁的年轻人,由男方父母陪同来见上人。两人最近因意见不合时有争吵,男方将负笈海外,却无法专心课业;女方则心情欠佳,已数日食不下咽,令人担心。

"曾经两情相悦,为何今日如此?要多想想从前的日子啊!在人海之中,你们唯独与对方情有独钟,应相互珍惜好缘。"上人充当和事佬,抚慰这对年轻人。

"过去能包容、善解,如今却计较、冲突,是因为现在感情很亲密,所以会相互要求。要多想想以前和谐相处的时光,既然过去可以彼此包容,现在也应该可以。两人必须冷静冷静,各退一步好好沟通,如此心结才能打开。"

见二人愁容稍展,上人再叮咛男方,既然将远赴异乡读书,就要专心,不要为情所困,但需好好维系这份情缘。对女方则交代,要将身体照顾得健

第七章・令诸众生,受于快乐

康，才对得起父母；社会为培育年轻人付出很多努力，千万不可轻易毁伤自己，有生之年也要能回馈社会大众。

"感情要再培养起来喔！"听上人一番鼓励，男女双方展露笑容，拜谢而去。

梦的解析

　　一位师姊的老母亲近来几次梦到已故的父母，向来孝顺的师姊心里担忧，该不是母亲将要西去，否则为何频梦故人呢？师姊陈述时，老母亲因为不舍，神情也显得有些难过。

　　上人安慰这位老母亲："您是在'怀旧'啦！每个人都有潜意识，当您心里十分怀旧时，潜意识就透过梦流露出来。"师姊与老母亲一听即安心了。

第七章·令诸众生，受于快乐

小死与长眠

执律师职的一位先生正值壮年，起初不能接受罹患绝症的事实，在医护人员及志工辅导下，他反省到自己深受众人关怀与帮助，感恩心油然生起，情绪趋于稳定，渐而变得开朗。在志工陪同下至精舍，表达对上人的敬仰。

上人说："要自在！人睡觉时无知无觉，所以又叫'小死'。而人来世间，有生就有死，这一番大死叫'长眠'。无论小死一段或大死一番，短睡或长眠，意思都一样。

"所以，死并不可怕，也没什么好烦恼的，重要的是活着时的所作所为是否问心无愧。如每天睡前，反省今日之事是否尽责完成？无愧于心就会很好睡。当我们生命走到尽头，若一生中无愧无悔，也会安详地离去。

"事实上大家都是凡夫，虽大错不犯，总是小错难免，但无论如何，只要现在起惭愧心，发愿来生改过迁善、恒存好念,自然能安心离去。"

"谢谢上人教我要自在。自住院以来,我一直朝此方向走,面对医师、护士,总是笑脸相迎。"律师先生缓缓说道。

"要训练到心也要笑!"上人再强调,生老病死是自然之事,随顺因缘就是了。人生道上本就来来去去,没有什么放不下。

多造"福","气"就旺

一位师姊为术后疗养过程,满腹忧虑,"有人说我这是业障现前,也曾有算命师说我有生死劫。"

上人:"哪个人不是带业而来呢?若常想着'我的业很重,要多消业',这是诅咒自己,即使哪天身体复原,恐怕也很抑郁。'信为道源功德母',自己的人生自己掌握,要多培养信心,不要迷信,否则就是自打心结。所谓'福气',是提起信心为人群做事——多造'福','气'就旺!"

上人不断为她打气,期待她回归身心健康的人生。师姊接受上人规劝,表示将以乐观开朗的心态看待自己是健康人,然后带着上人的祝福,拜辞而去。

走路碰壁，转弯再行

有位师兄因失明又有心脏宿疾，以致无法振作精神。

上人慈言相劝："既然'遇到了'，就要为此'找出路'。"师兄闻言悲从中来，忍不住哭出声。

上人再劝，虽然眼睛看不见，心脏也不好，但还有很多器官是健康的，要好好看护、发挥使用权。如果忧愁过度，使家人心不安，这样就不对了。其实换个角度想，眼睛虽然看不到，记忆或许会更好，因为我们的心常被纷乱的外境干扰而减损记忆力。

"如今要提起勇气面对现实，展现快乐的形态，并且专注、认真听法，再将自己的体会说出去给别人听，做一个现代'如是我闻'有智慧的'阿难'，这就是你的出路。行事遇到障碍，好比走路碰了壁，可以转个弯再往前走。"

上人鼓励师兄要"快乐起来"，师兄终于止住泪水，长跪合十向上人感恩，表示将尽力依教奉行。

转换立场，放下执著

年方二十的青年，又是家中独子，却在服役时被人误打致死。祖父母及父母想起已逝的孩子，尽管事隔月余，悲痛的心情实难释怀。

上人劝慰道："这真是无奈的事，但既已发生，现在唯一要做的，是虔诚祝福他。"

父母心中有所不满地说："孩子被人打死，却一直未见对方及家长回应，至少也应该来道歉，使孩子能安心地走才对。"

上人则提出不同看法："就我分析，对方家长之所以没来，是因为他们对自己十分苛责。孩子闯了祸，觉得无颜见人，才避不见面。我们试着站在对方父母的立场着想，他们除了心怀愧疚外，也必定烦恼孩子会受到何种处罚。我们心痛孩子说走就走了，但对方却得忍受百般煎熬啊！计较是非常辛苦的事，若能不计较，就能心平气和。"

上人教父母放下执著。"可以对孩子说,对方是无意的,要宽谅别人。而此生世缘已尽,也不必割舍不下。"爱别离是人生至痛,听上人苦心劝慰后,四位上年纪的人,痛苦的心情多少放下一些。

去或不去？

慈济志工接获一位民众提报，开始锲而不舍奔走，终为离家四十多年的老婆婆恢复身份。这位先生感动于慈济人的大爱精神，坚持邀请师兄师姊参加女儿新婚喜宴。

慈济人做事不求回馈，但坚拒好意又似乎不近人情，本想致赠贺礼，这位先生却不肯收下。师姊请问上人，此事该如何是好？

上人表示，盛情难却，可以私人身份往赴喜宴，并告知若不收红包，就以其名义捐予慈济，再将收据交付他。这样的处理方式可以皆大欢喜，人情义理都尽到。

当头棒喝

一位妇人因为担心土地被征收，跑道场诵经拜佛。有法师告诉她，只要诵几部经就可以消灾解厄，然而妇人的心未因此平静，反而更惶恐不安，晚上无法睡好，耳边常听到有人说话。

上人劝她去看医师，并表示人总是想追求内心的寄托，以致茫然生惶恐！必要时须就医吃药，让身心平静。若听到什么声音，都当它是虚幻、是自己内心的反射，不要理会。

"信佛的人要乐观，信仰一定要正信，不可迷信，头脑才会清醒。佛经是让我们明白道理，而不只是持诵；若知晓道理却不实际去做，也是没用。例如房子，即使是自己的房子，也只是'借'住，本就不属于我们。"上人劝她心要自在，有空就到慈济当志工，有事情做，心自然就会静下来。

妇人破涕为笑，顶礼上人的"当头棒喝"。

被倒债？恭喜！

一位企业家被倒借五亿多元（新台币。——简体字版编者注）血本无归，烦恼不已，朋友陪同来见上人。

"恭喜！若你没有被人倒债，不知道你如此富有，所以说恭喜。"

"五亿元很难赚！"

"说不定过去生你欠了债，所以现在必须偿还。"

"我相信我没有欠债。"

"若是没有欠债，更恭喜你。下辈子你再来时，已有五亿在等你了。"

一问一答间，企业家被人倒债的心结随之打开，也在法亲关怀勉励下，走进慈济付出。

老和尚与小沙弥

甫于英国学成归返,因理光头发的形象而被大家昵称为"小沙弥"的一位师兄,把握因缘向上人请法:"小沙弥即使有善心,但该如何永久保持清净心?因为有时不免起心动念,又起执著心、傲慢心、分别心,究竟要如何避免,以维持心灵的清净?"

上人反问:"老和尚如何能知沙弥心?你自十七岁发心迄今,是否曾经傲慢、执著?如何控制?是用什么心控制?"

"小沙弥"回答,起心动念时,勉强压制并非上等的方法,在阅读《无量义经》后较容易化解,但还是不知如何能够在每一分、每一秒都保持心净,故来请示上人。

上人:"要在自己心中找到法,若已找到了,却还要在法中再找法,就'无法度'了。把握住一个方法,就要马上往前走,认真用心去做。若仅停留在不断地辩、论,犹如头上安头,多此一举。换言之,不停地问法、论法,所问、所论之法都会变成所知障。如我只得到'为佛教,为众生'六个字而已,就一路直行迄今,还要再问谁?"

"小沙弥"闻言,心开意解,深心感动,顶礼感恩!

第八章 无量众生，发菩提心

点滴行善,功德绵延

问:"要如何行善?何等善行才有功德?"

答:"很简单——看到有人受寒冻,以悲悯心为他披上一件暖和的衣裳御寒;看到有人饥饿,以悲悯心给予粮食……在别人最需要时伸出援手、给予所需,及时解困脱苦,这就是行善,如此就有功德。这一念心点点滴滴、连连接接,时时刻刻都在行善、累积功德。"

他、你、我——我们先为他付出

问:"上人为何强调'他、你、我',而非一般所言的'你、我、他'?"

答:"'你、我'就是'我们',先顾好'我们自己',再去关心他人,这样的顺序是'你、我、他';若将'他'置于'你、我'之前,'我们'先为'他'而付出,这就是'他、你、我'。"

欢喜布施不勉强

一位白手起家的董事长偕同太太,在慈济师姊陪伴下来访。上人与众漫谈中表示,对于认同慈济的爱心人捐出高价值物品义卖之事,总是心怀感恩,但亦希望捐赠者能真正用心观察、了解慈济之后,肯定慈济所做的一切值得护持,不只乐于付出,也会愈做愈欢喜,没有丝毫不快或遗憾。

"布施需要发自内心,不能勉强,否则不但没有功德,还会起烦恼。不希望让人做事做到起烦恼,这是我一向的想法,所以不能操之过急。虽然常常说'来不及',这是对人的习气所说,许多人自知有不好的习气却不改正,或是说要慢慢改,我就会不断地提醒大家,时光不待人,应该警惕人生无常。但是我不希望急中有错,让人付出以后却不是很开心,这是我所不乐见的。"

得理要饶人

有位商界董事长来访，因为同业竞争，与人打了官司，胜诉后又上诉到高等法院。原本希望能获得更多赔偿金，捐作公益，没想到这样可能造成对方家产被查封，非自己乐见，请示上人该如何做。

上人表示："与人结好缘最重要，获得几亿元的赔偿金，在人生道上并没有多大的实质意义；数字不是人生的目标，赢得'理'最好，得饶人处且饶人，得理也要饶人，撤回上诉最好。有钱能做有意义的事是很好，但是不要伤害人。

"与人无争则人安，与事无争则事安，与世无争则世安。人生重要的是平平安安过日子；争来争去无了时，对方也会很苦。"

上人再次强调，得理且饶人，捐款要衡量自己的力量，不要为了做好事而与人争。切莫做了一件好事，反而结下一个怨仇。

日日存善念、启爱心

慈济是从五毛钱的竹筒岁月开启,当时的委员曾问:"每个月时间到了,会员一次交出十五元,和每天存五毛钱有何不同?"

上人:"其实我不只要大家捐款,更希望人人发心,日日有善念。每一天都启发自己这一分爱心,家庭就能和乐;家家有爱,社会就能祥和。"

为善造福的防护门

有些人为善造福,却贪著福报。贪求的心念会制造烦恼,求不得则起恶念,后果堪虞。

上人勉众:"慈济人的一念心——付出无所求,就是一道防护门,预防自心起贪念;不只无所求,还要用感恩心、尊重与无私的大爱对待受助者,造福而不贪著。"

跨越宗教，普遍接引

问:"是否担心资深弟子佛学根基不扎实而生退转心?"

上人反问:"佛学知识高者,是否就会为人群付出?慈济是个大团体,含融各种宗教,而不限于佛教,若只缩在佛教的范围,实无法普遍接引大众。"

真修行,重力行

问:"真正的修行是什么?"

答:"修行最重要的是身体力行,就如耕耘田地,只除草而不播种,也是徒然!耕田想要收获,必须先撒种子。身为师父,只能做给你们看,并不能代替你们做;而你们所做也是自己得,无法你做我得,这就是'公修公得,婆修婆得,不修不得'。修行是自己的事,任何人都不能替代。"

了生脱死

问:"为什么要修行?"

答:"修行的目的就是要'了生脱死'。

"不要常常对境起心动念,要在人与事中训练断念,放下无意义的人我是非,了却心中生起贪瞋痴的起伏,把是非当作警惕和教育,这就是'了生'。

"'脱死',就是不为自己的生死而断了度生的念头,更要超越度生的念头,为延续慧命而成就别人。

"简而言之,放下现在的烦恼,就是最大的解脱,要有这种观念才能发挥慧命良能。"

修行的时机

从事管理顾问的一位先生,感到修行真是很重要的事,打算退休后,待人事简单,才随上人修行。

上人:"你认为修行是什么?"

先生:"就是把身口意顾好。"

上人:"若是如此,你平时没有修行吗?"

先生:"平时虽有努力把佛法融入工作中,但人事繁杂,很容易心随境转,所以希望余生能更加专心修行。"

上人:"世事变迁无常,退休后就真能清闲度日吗?人生的变化无法预料啊!再者,修行是要走入人群中去借事练心,所以随时都必须好好修行,要以'明日就可能往生'来警惕自己精进不懈。"

先生:"但是工作毕竟非常忙碌,心念不易定静下来。"

上人:"忙碌的工作环境正是修行的好机会,可以培养真功夫。"

上人勉励这位先生将心灵归零,过去的是杂念,未来的是妄想,不要想太多;把握当下顾好自己的身口意,这就是在修行了。

"谦"对"嫌"

一位师兄认真做事,却遭批评"不尊重""捞过界"(即抢饭碗——简体字版编者注)。

上人开示:"别人'嫌',我们就要'谦';面对批评还能保持谦让、谦恭,就是修行功夫的展现,也才是'人间菩萨'!"

六度万行是菩萨"必修课"

问:"为何慈济的门槛这么高?"

答:"何须言高?只要举足跨过,就能见到殿堂的庄严呀!

"立志要当菩萨而入慈济之门,应人间菩萨招生报名培训,六度万行是'必修课'。六度就是布施、持戒、忍辱、精进、禅定、智慧,这是菩萨的基本条件。

"'布施'即慈悲,而'持戒'就是守规矩,规矩不只用口说,还须力行。慈济人的美与整齐是经过训练的,团体的美是美在个体。例如,识别证系挂的位置若能人人相同,众人列队,就会都在相同的高度,看起来非常整齐。但是要做到这样的功夫,就需要忍耐、不怕麻烦,一而再、再而三,举手投足都需要耐心学习,这就是'忍辱'。

"由凡夫转变到菩萨的训练过程中,在大团体里难免有人我是非,要时常提醒自己,是为学习具备正确心态、行正确的道路,所以必须下定决心精进不退。分秒不空过就是'精进',懂得把握时间修习规矩,才能把心定下来,达到'禅定';心静定,才能产生'智慧'。度凡夫到菩萨的境界,就是用这六种方法。"

慈济共修道场，身口意三合一

问："共修时应注意哪些原则？"

答："共修时，行仪非常重要。

"以唱诵及绕佛等事为例。唱诵时，整体的声音要合一，因此自己要唱得能与人和谐；要先用心，才能去和别人的音，这是一种和合的训练。绕佛时，只要一个人的脚步有一分一寸的偏差，浩荡长的队伍就会偏离很多。即使一开始的时候，后面人的脚步对得很准，但过了些许时间，若前面的人差一分，后面的人差一寸，整体行列就会偏离而不整齐。因此要用心，个人用心，才能成就整体活动之美。

"慈济道场，要让人光用眼看，即能感觉是在说法，这叫做'眼的触法'——也就是用眼睛就能接触到这个团体之美的法。所以共修时，唱诵一定要发出声音，发出声音一定要和人合声，这是口合；绕佛时，一定要对齐前面的人，分寸不差，这是身合。能身合、口合，是因为用心和合，此即身口意三合一。

"若在共修道场里都无法做到身口意三合一，更遑论回到家中，乃至返回社区，甚至整体的大环境了。所以，一切不但要起点准确，中间整齐，终点也要合一。请大家要用心，不要以为这是简单的事，正是简单才真困难，因为一般人容易疏忽简单的事。

"修行，就是要事事重视，亦应顾及整体之美。众人要照顾好自身的行仪，因为这些不但是个人的形象，也代表团体的精神。让人用耳朵听，能听得法喜充满；用眼睛看，也能看得了然透彻；大家表现合齐之美，就是共修。"

人多力大不孤单

问:"有时做事会有无力感……"

答:"一切唯心造。'无力感'就是自觉孤单;假如与你合作共事的人多,人多力就大,所能发挥的力量就大了。要得众人协助,唯有自己时时知足、感恩、善解、包容,如此自然能广结善缘。不要与人太计较,得失心也不要太大,好好做人就能得人缘。"

埋怨是自我障碍

问:"为何会停滞?"

答:"之所以停滞,就是因为埋怨。埋怨心起,才会感到疲累而退转。

"若有埋怨而停滞,是自我障碍,别人仍然继续精进。所以我们一定要训练自己感恩、爱惜周遭的人、事、物;自我要求去适应别人,而不是要求别人配合自己。

"遇到人事问题,难免心会难过,但难过的时间要努力缩短,应该赶快回过头来感恩所有人。若常存感恩心,知道天下事一个人做不完,而感恩所有投入的人,不管对方待我们如何,我们都能发自内心,真诚感恩对方的付出。"

无私无我,保持平衡

问:"如何推动慈济志业无碍?"

答:"佛陀曾以木船直流而下比喻,船身能够不为两岸卡住,是因为船保持'平衡',不偏不倚所致。同理,慈济人做慈济事,不为名利也无其他目的,只是不忍众生苦。无求就无障碍,只要保持无私无我之心,就能顺利推动志业,而不必攀缘。"

付出无求同时感恩

问:"慈济人为何'无求付出的同时还要感恩'?"

答:"常人对于道理总是'知道'但却'不懂'。如'人生是苦'这句话很多人会说,但对其真正意义并不一定了解。

"世间的苦并非只是口说而已,当我们帮助苦难人时,可以看见那分悲凄痛苦是真实发生在他们身上;我们能从他们示现的苦,体会到人生无常,明了生命价值何在,所以他们是我们人生的老师,应该感恩。"

天天爱的传承就是在传法
事事清楚透明就是写遗书

问:"其他道场已做宗长传承,请问上人何时要'传法'?是否已写好遗书?"

答:"慈济天天在传法,天天都在实行爱的传承,信己无私,信人有爱。大家都知道师父的理念,师父也知道大家在各地的努力,一切明明朗朗。其实我每天都在写遗书,将该做的事都做了,事事透明化,在我身边的人都清清楚楚,因此无须特别交代。"

让种子颗颗发芽

海外慈济人回台分享,曾邀外界人士在社区举办演讲,演讲者提到,撒下一百颗种子,猜测有百分之八九十发芽者是太过乐观,应预留空间。

上人听了海外慈济人转述,则认为:"如果是我,我就要让一百颗种子都能够存活萌芽。"

无私之心，多做多对
自私之心，多做多错

慈济将成立骨髓资料库之前，有很多人劝阻，认为骨髓库需要庞大经费，且建立之后不一定有人愿意捐骨髓。

"我认为，生命不能以金钱衡量，亦无法用天平称量。所以要用真心，运用发达的医疗科技成立骨髓库。"上人说，自己虽然是外行，但凭一念悲心，于因缘成熟时对众宣布此一讯息，"憨弟子"们也用心推动，终而成就如今已救人无数的慈济骨髓干细胞中心。

"若是想得太多，障碍也会很多，只要无私、具勇猛心，总是做就对了。以无私之心则多做多对，假若怀有私心则多做多错，因此我们要秉持清净无染的心做事。"

植善成基因

来客问:"慈济委员劝募的目的何在?"

上人表示,慈济委员劝募的目的,不在金钱本身,重要的是将善种植入人心。"耕田而不下种,田地很快就会杂草丛生,所以要勤于耕耘、播种。启发大众发挥善念做好事,就是在心地播下善种;一旦善念植入心田成为生命中的基因,则生生世世不断行善助人,福德智慧无量无边。"

问:"善的'种子'如何购得?"

上人答,何处需要我们,就赶紧发挥良能,"去做"就是"种子"。大爱种子要自己制造,无处能买。

有人提到上人的体力很好,自己跟着上人才一天就吃不消了!

上人笑说:"我们有'基因',你还没有啊!"

募款贵在募心

慈济功德会成立之初,一位资深委员曾请示上人:"我在北投有一户会员,家中三人每人每月捐五元,所以每月善款总数是十五元。但是到他们家没有公车可搭,我搭计程车去,车资要五十元。我能不能每个月把五十元车资用他们的名义捐出,而我就不要过去收善款?"

上人言:"不行,你出的五十元是你自己的,那户人家的十五元是他们付出的。劝募主要是度他们的心,你若用虔诚的心去劝募,相信可以带出他们的心,所以你还是要去。"

这位师姊依教奉行,那位会员果然被她诚恳的心感动,也受证成为慈济委员。

轻安自在的境界

一位上了年纪的环保志工告诉上人:"我不知道您说的轻安自在是什么境界,我只知道若一天不做环保,就觉得骨头沉重,身体疼痛;若去做环保,就很轻松,心很欢喜。师父,这是不是轻安自在?"

"是啊!付出之后,内心生喜悦,这就是轻安自在。但你做得这么辛苦,到底是为了什么?"

志工回答:"师父不是说要救地球吗?我要救地球!想到我一个老人也能救地球,就更加欢喜!"上人赞叹老菩萨的纯真智慧,懂得保护地球资源,延长地球寿命;并将回收所得护持大爱电视台,不但救地球,也在救人心。

多鼓励，不责备

问："如何让志工能发恒常心？"

答："要让志工能发恒常心与我们同心、同道、同志愿，自己要先放下身段，多鼓励而不要责备，这就是'以爱为管理'。每个人都会有错，遇到对方犯错时要用方法引导。然而还是'做'最重要，能做到感动对方，那么对方自然会投入。如果对方不做，我们也不能勉强，因为大家都是志工；像有心有闲才来做的随喜志工也很多，如何转随喜为永恒，则要看大家如何度化。

"不要在意别人的精神够不够，太在意别人，自己会很辛苦，重要的是自己要踏实，尽力付出带动，如果我们认真做，有朝一日他人自然会想来。希望慈济在人间，是一个美的团体。"

先救助,再感化

问:"有位生病的老人爱抽烟,慈济为什么要救他?"

上人表示,助人就要无所求地给予有效帮助。"抽烟是他的习惯,现在他经常连饭也没得吃,病了也无药治疗,所以应先帮他医治好身体,再帮助其生活,然后劝他戒烟;而非因为有不良习惯就不救他。

"又如有人喜欢赌博,即使平常行径恶劣,有天忽然病了,也不能因他行为不检点就不救他,这是不对的。同样应该先帮他治疗身体,然后再劝导他。生命平等,虽然其人行为令人反感,但他现在需要救助,就应先救助再感化,因为尊重生命是我们的本分事。"

公私要分明

有师姊请问上人个人事业经营事宜。

上人强调,委员身份与私人事业不能混淆,委员绝不能利用慈济身份博取他人信任来做利私之事。要洁身自爱,不能因私人行为而破坏团体形象。

"身为慈济委员,更要注意自身的言行举止,因为慈济人会成为大众瞩目的焦点,所以务须谨慎。若一不小心受人批评,也不必怪罪别人,反倒要反省自己是否言语失当,以致遭人议论。其实,生活过得去就好,事业心不要太大,而且不要超越自己的能力范围,更不要愈陷愈深,才能过得安然自在。"

慈济是否全天轮班?

一位来自香港的太太,猜想慈济应该有二十四小时轮班制,否则怎会总是第一个到达灾难现场的团体?"就以身为女人来说,出门之前至少也要十来分钟打扮啊!"

上人表示,慈济并无"非常时"的动员,只有"经常时"的动员;换句话说,慈济平时就已在做救急救灾的工作,任何大小灾的动员,不必经过特别指示,大家就能从各方快速赶到现场,发挥救援力量。

至于出门救灾之快,是因为大家只有一个动作——换衣服。任何慈济人都一样,一得知灾难消息,没有分秒迟疑,穿上慈济人的"蓝天白云"工作服后,就火速奔到灾难现场投入救灾工作。

与其郁闷，不如祝福

有位师兄在九二一地震过后到灾区帮忙，看到灾民的不幸，心情始终很低落。

上人开导师兄，"若自己都心情郁闷，赈灾工作如何做得下去？所谓'菩萨游戏人间'，菩萨要闻声救苦，也要把快乐带给众生，拔苦是悲、予乐是慈，所以一定要慈悲并行、悲智双运、福慧双修。"

如何看待灾民的处境？上人表示，想想有些灾民说不定原本很消沉，经过这次大灾难后，意志被众多爱心人士唤醒，之后的人生岂不较过去更好？所以，与其纠缠在自我烦恼的心境中，不如虔诚为灾民祝福。

取之有"道"

台湾发生九二一地震后,有师姊问:"办爱心宴募款可好?"

上人认为并不适宜,最好以茶会或义卖代替。"慈济要带动风气,教导大家走上朴素生活,不要奢靡成习。享用美食后再捐款,这样的爱心就不纯。何况震灾是很悲痛的事,许多人还没有走出阴霾,甚至有灾民还在吃便当呢!我们却邀人大快朵颐,于心何忍?"

单纯之美

有人问,上人如何避免自我膨胀与造成个人崇拜?慈济团体如此庞大,如何避免人事复杂?

"我从没想过要被人崇拜,所以做慈济到现在已数十年,我的体重一直如此,从没有'膨胀'!"上人的幽默,引来哄堂笑声。

"我常说'简单是美,单纯最好',慈济能够维系这份单纯之美,在于人人'以戒为制度,以爱为管理',每个人都将自己照顾好,守好该守的规矩。慈济世界人人平等,没有任何阶级的分别;个体之美成就整体之美,这就是简单、单纯。"

距离不是问题

海外师姊请示:"在国外要如何接引新人?因为我们离师父太远了。"

上人笑答:"不会,越远越清楚。"此时正好大爱台画面上有一幅山水国画。上人指着电视画面说:"真真假假、假假真真,刚才你看那不是水吗?可是镜头拉远,其实它是一张纸。所以,距离不是问题,也不要太过于理论分析,分析得太多反而浪费时间。"

加持——加重力量去支持

问:"佛菩萨如何加持?"

答:"慈济人的修行道场就在人群中;菩萨人间化,不是要求佛菩萨赐福或加持,而是要启发'自性观音',感应别人发出的苦难心声,运用智慧救拔苦难。所谓'加持',就是要加重力量去支持。希望大家能体会慈济宗门的教育方向。"

心中有法，才"有法度"

问："身为慈济团体的干部，如何面对他人不好的声色？"

答："事情过了就不要放在心上。虽然在菩萨团体，但是大家仍是人间凡夫，一时凡夫心起，也不要随之堕入凡夫境界，甚至退转道心，或是心有郁结而闷出病来，拿别人的错误来惩罚自己。

"这是一个菩萨的训练道场，要打开自己的心门，尽心力去做。对方有不了解的地方，我们用健康的心态去辅导、关怀，如果他不接受，那是他的损失，也不需要太忧虑。

"既然承接干部职务，就要有心理准备，面对人群，自然也会面对烦恼、是非，要以正确的法回应，对方不精进，自己要精进；对方行入偏途，我们要想办法引导。然而也要自己心中有法，才'有法度'，所以要把握闻法的机会。

"要用方法对治烦恼,自己的烦恼先去除,才有法去度人。要修得心灵开朗,虽然面对的人事繁多,却能以法自解、解人,自度、度人,做得法喜充满。"

睡少做多即长寿

一位师姊刚参与慈济的国际赈灾,返台后一点都不觉得累,并表示此行体会到上人所说,长寿就是睡少一点、做多一点。

上人回应:"有更多时间投入工作就是长寿,不然只是'睡着活',没有发挥生命良能。"

做到最后一口气

上人与资深慈济委员谈话,期待大家提起使命感,行在菩萨道上莫半途而废、空过生命,应说慈济、做慈济直至最后一口气。

"有的人认为自己年纪已大,无法参与许多活动,但正因为资深,所以可多与人分享,切莫存休息、退休之意。"上人认为在身体状况的能力范围内,不可让时间空过。

若平日好好照顾,做事时处处小心,并按时健康检查,发现身体有异样时立即就医,不久后就能再康复,还能做很久的慈济事。

"身是载道器,且人身难得今已得,更难能行于菩萨道上,不要放弃也不要停滞,应继续向前走。"上人勉励众人要做得欢喜,凡事善解才能得自在。

图书在版编目(CIP)数据

说法无量义无量/释证严讲述.—上海:复旦大学出版社,2017.1(2018.7重印)
(证严上人著作·静思法脉丛书)
ISBN 978-7-309-12338-8

Ⅰ.说… Ⅱ.释… Ⅲ.①大乘-佛经②《无量义经》-通俗读物 Ⅳ.B942.1-49

中国版本图书馆 CIP 数据核字(2016)第 124030 号

慈济全球信息网:http://www.tzuchi.org.tw/
静思书轩网址:http://www.jingsi.com.tw/
苏州静思书轩:http://www.jingsi.js.cn/

原版权所有者:静思人文志业股份有限公司授权复旦大学出版社有限公司
出版发行简体字版

说法无量义无量
释证严 讲述
责任编辑/邵 丹
封面"静思法脉丛书"题字:胡念祖先生
美术设计:蔡淑婉
封面画作:黄仰明
图绘协力:李源海、黄仰明
书法协力:李秀华
篆刻协力:陈胜德

复旦大学出版社有限公司出版发行
上海市国权路 579 号 邮编:200433
网址:fupnet@fudanpress.com http://www.fudanpress.com
门市零售:86-21-65642857 团体订购:86-21-65118853
外埠邮购:86-21-65109143 出版部电话:86-21-65642845
上海丽佳制版印刷有限公司

开本 890×1240 1/32 印张 8 字数 118 千
2018 年 7 月第 1 版第 2 次印刷
印数 4 101—7 200

ISBN 978-7-309-12338-8/B·580
定价:49.50 元

如有印装质量问题,请向复旦大学出版社有限公司出版部调换。
版权所有 侵权必究